eビジネス新書
No.457

週刊東洋経済

失敗しないDX

「地雷
略せよ

週刊東洋経済 eビジネス新書　No.457

失敗しないＤＸ

本書は、東洋経済新報社刊『週刊東洋経済』２０２３年3月4日号より抜粋、加筆修正のうえ制作しています。情報は底本編集当時のものです。（標準読了時間　１２０分）

失敗しないDX　目次

失った時間と費用は返ってこない

繰り返される「開発失敗」の悲劇

「しかるべき働きかけやチェックをし切れないまま、ずるずると時間を要してしまった」。NIPPON EXPRESSホールディングス（以下、NXHD）の赤石衛執行役員は、2023年2月14日に開いた決算説明会で悔しげにそう語った。基幹システムの開発中止とそれに伴う特別損失の計上を受けての発言だ。

NXHDの子会社・日本通運では航空輸送事業におけるグローバル共通基盤の構築を目指し、「新・国際航空貨物基幹システム」の開発を進めていた。だが、当初計画よりも開発コストの増加、開発期間の延長などが見込まれることから、開発を断念。これに関わるソフトウェア仮勘定について、154億円の減損損失を22年12月期決算に計上した。

遅延が発生した要因については、「開発ベンダーとのコミュニケーションに問題があったのではと社内で分析している。納品前において、成果物の検証をしっかり行うプロセスができていなかったのではないか」（赤石氏）。

今回の事案を踏まえ、1月に新設したITデジタルソリューション本部では今後の大型開発案件について妥当性評価やモニタリングを徹底していくという。

できた頃には時代遅れ

こうしたシステム開発の失敗は枚挙にいとまがない。近年の事例を見ても、小売り、メーカー、インフラなど、多種多様な業界の各社がシステム開発に関わる億円単位の損失を出していることがわかる。いくつかの事例を列挙しよう。

注：金額は損失額、（）内は発生・中止事由など

2000年：ノーリツ　16億円（ERPパッケージの導入を断念し破棄）

06年：東京ガス　50億円（開発を中止）
11年：ベネッセHD　56億円（東日本大震災で開発中断し方針変更）
15年：大同特殊鋼　56億円（開発の継続困難で開発を中止）
16年：H・U・グループHD　147億円（事業環境の変化などで開発を中止）
17年：テイツー　0・9億円（方針変更で開発を中止）
19年：スペースバリューHD　4・4億円（運用困難、導入遅延などで開発を中止）
19年：JTB　46億円（方針変更で開発を中止）
20年：イチネンHD　23億円（開発を中止）
同年：KPPグループHD　35億円（開発内容の不適合などで開発を中止）
20年：川西倉庫　1・8億円（不具合などで開発を中止）
21年：アイペットHD　13億円（方針変更で開発を中止）
同年：はせがわ　4・3億円（コロナ禍で開発中断、再開を見送り）
同年：プレナス　8・5億円（実現が困難と判断し開発を中止）

22年：エイジス　4・6億円（開発内容の不適合などで開発を中止）
同年：カーチスHD　4・4億円（実現が困難と判断し開発を中止）

開発断念の理由としてよく挙げられるのは、NXHDのケースと同様、開発の遅延だ。開発ベンダーとの間で取り決めた「要件定義」に不備があったり、目的のレベルに合ったベンダーをそもそも選定できていなかったりすることが背景にある。

デジタルの世界は進化が速い。プロジェクトが遅延すればするほど、出来上がった頃にはすでに時代遅れという事態に陥りかねない。また、SaaS（サース：クラウド型ソフト）の普及などで、わざわざ自社で膨大なコストをかけずとも実現できる道が開けてしまうこともある。割り切って方針転換すればいいが、失った時間や費用はもう返ってこない。

失敗の典型としてもう1つ挙げられるのが、リリース後の不具合の多発だ。記憶に新しいのは、厚生労働省が開発を主導した新型コロナウイルスの接触確認アプリ「ココア（COCOA）」だ。

感染したことを登録できない、感染者と接触したにもかかわらず通知が届かないなど、開始直後から数々の不具合が発生。どんなサービスであれ、開始後に一定の不具合が発生するのは仕方ない。だが厚労省の調査では、事前の動作確認テストが不十分だったこと、省内の専門人材が不足していたこと、などの反省点が挙げられている。国の感染症対策方針の変更に伴い、ココアは2022年11月から順次機能停止しているが、期待された役割を全うしたとは言いがたい。

経営者の「無知」も影響

システムやアプリ・Webの開発におけるこうした失敗が、より裾野の広い中小企業で顕在化してくるのはこれからだろう。

東京商工リサーチが中小企業に行った「自社のデジタル化の段階」についての調査によれば、「段階3：デジタルによる業務効率化やデータ分析に取り組んでいる状態」と「段階4：デジタル化によるビジネスモデルの変革などに取り組んでいる状態」と回答する企業の合計が、21年にようやく全体の半数を超えた。

◆ **中小企業でリスクが顕在化するのはこれから**
──時点別に見たデジタル化の取り組み状況──

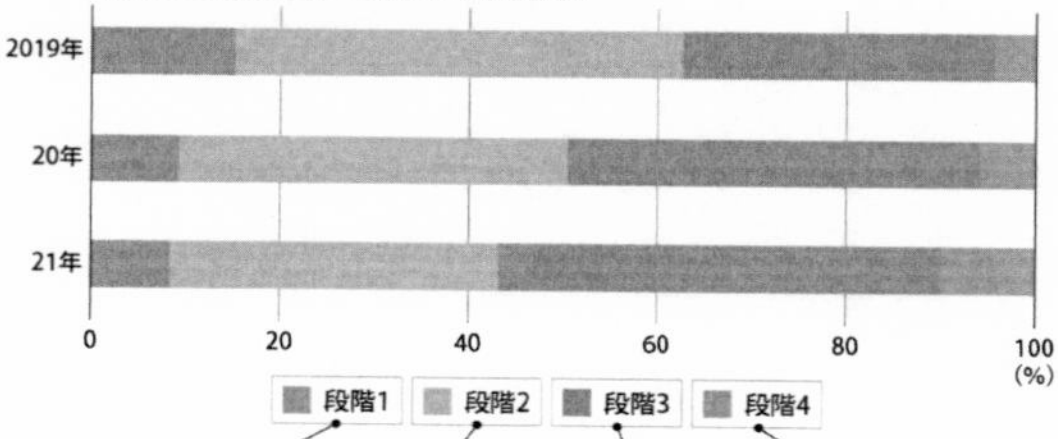

段階1	段階2	段階3	段階4
紙や口頭でのやり取りが中心で、デジタル化による業務の効率化は図られていない状態	アナログな状況からデジタルツールを利用した業務環境に移行している状態 (例) 会計業務における電子処理など、業務でデジタルツールを活用している	デジタルによる業務効率化やデータ分析に取り組んでいる状態 (例)在庫、顧客などの情報をシステムで管理しながら業務フローを見直している	デジタル化によるビジネスモデルの変革や競争力強化に取り組んでいる状態 (例) システム上で蓄積したデータを用い販路拡大、新商品開発を行っている

(注)デジタル化の取り組み状況として「わからない」と答えた企業は除外
(出所)東京商工リサーチ「中小企業のデジタル化と情報資産の活用に関するアンケート」や中小企業庁の資料を基に東洋経済作成

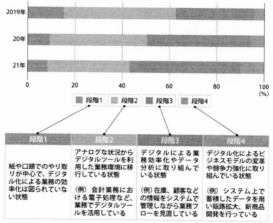

システム開発・導入が本格的に進むのは、まさにこれらの段階からだ。だが、多くの中小企業では大企業に比べＩＴ専門人材の層が薄い。発注者側が門外漢ばかりでは、ベンダーとのコミュニケーション齟齬（そご）に陥るリスクがある。

もう1つカギを握るのは経営陣だ。情報処理推進機構はＤＸに関する報告書の中で、「ＩＴ業務に見識がある役員の割合」と「ＤＸの成果」との相関について紹介している。例えば「既存製品・サービスの高付加価値化」という項目への「成果あり」との回答は、見識のある役員比率が0～3割未満の会社で36・5%なのに対し、同7～10割の会社では52・1%にも達する。ほかにも10ポイント以上差のついた項目が複数あった。

人員や予算の確保には当然、経営陣の意思決定が必要になる。現場任せ、専門家任せのままでは、ＤＸの成功は遠のくばかりだ。

（長瀧菜摘）

種類や生態系を理解しておく

エンジニアとは何者なのか

システムやWeb、アプリの開発に携わるに当たり、あなたが直接プログラミングに手を動かす立場でなくとも、実働部隊がどんなメンバーで構成され、どんな生態系で動いているのかを知っておくことは重要だ。知識のないままプロジェクトを主導するのは、サッカーに例えるならフォワード、ディフェンダー、ミッドフィルダーといったポジションと専門性を理解しないままチームを率いるようなもの。的外れな相手に的外れなタイミングで依頼や質問を投げ続ければ、自分も相手も疲弊する羽目になる。

ひとくちに「エンジニア」といっても、その種類や専門は周辺領域も含めて多岐にわたる。どのエンジニアにも共通するのは、単に「コードを書く」ことが仕事の本質ではないという点。例えば「システムエンジニア（ＳＥ）」の仕事は、端的にいえば、関係者へのヒアリングなどを通じて要求に最適な仕様のシステムを設計・開発すること。彼らが策定した仕様に沿ってコードを書く業務は、それを専門に担う「プログラマー」を動員してチームで行うこともあれば、自分自身で行うこともある。そうしたエンジニアたちの代表的な領域や専門性などは多岐にわたる。

【上流工程など】
・ＩＴコンサルタント
・ＩＴストラテジスト
・プロジェクトマネジャー
・プロダクトマネジャー
・データサイエンティスト
【開発系（システム）】
・システムアーキテクト

・システムエンジニア
・アプリケーションエンジニア
・組み込みエンジニア

【開発系（ネットサービス）】

・Ｗｅｂディレクター
・ＵＩ／ＵＸデザイナー
・フロントエンドエンジニア
・バックエンドエンジニア

【インフラ系】

・ネットワークエンジニア
・データベースエンジニア
・サーバーエンジニア
・セキュリティーエンジニア
・クラウドエンジニア

【そのほか】

・テストエンジニア
・セールスエンジニア
・サービスエンジニア
・AIエンジニア
・ブロックチェーンエンジニア

SEやプログラマーの上位職として、メンバーや予算、スケジュールなどプロジェクト全体の進行管理を行う「プロジェクトマネジャー(PM)」がいる。PMは関係者間の調整が主な業務となるため、プログラミング知識の薄い非IT人材が務める場合も多い。その逆のパターンとして、案件の規模や人繰りの都合によっては、1人のSEがプロジェクト管理からプログラミングまですべての工程を担っている場合もある。

専門性で大きく3分類

どのようなシステムをつくるのかによって、エンジニアは大きく3領域プラスアルファに分けられる。

まずは①会社の基幹システムやアプリケーション、ソフトウェアなどを手がける「開発系（システム）」のエンジニア。システムインテグレーターなどの専門企業に属している人材もいれば、事業会社が直接雇用している人材もおり、裾野の広い領域だ。

一般にはあまり聞き慣れないのは、「組み込みエンジニア」だろう。これは電化製品、自動車など、機械や端末の動きを制御するためのシステムを専門に扱うエンジニアのこと。パソコンやスマートフォンだけでなく、あらゆるものがインターネットにつながるIoT時代において、組み込みエンジニアの活躍の場は広がっている。

続いて、②ECサイトやSNS、業務効率化SaaS（クラウド型ソフト）など、Webブラウザーやスマホアプリで動作するサービスの担い手が「開発系（ネットサービス)」のエンジニア。受託開発企業に所属する人材もいるが、とくにIT・ネット関連企業は、メガ・ベンチャーを問わず社員として抱えているケースがほとんどだ。

この領域は、ユーザーが操作する〝表側〟の画面を担当する「フロントエンドエンジニア」と、ユーザーからは見えない〝裏側〟の処理を設計する「バックエンドエンジニア」(サーバーサイドエンジニアと呼ぶこともある)に大別される。もちろん、つくるのがアプリなのか、Webサイトなのかによっても専門は分かれる。

一般に広く使ってもらうことを想定するため、サイトのつくり自体と、利用者分析、マーケティングなどを併せて考案していく「Webディレクター」や、使い勝手を向上させる「UI/UXデザイナー」も重要な役割を担う。

サーバーやデータベース、ネットワークなど、③インターネット通信やシステムを動かす基盤となる部分の設計・開発に関わっているのが「インフラ系」のエンジニアだ。「どんなものをつくるか」というより「どうつくるか」に重点を置く仕事も多く、例えば「サーバーエンジニア」はバックアップや障害対応などの運用・保守でも責務を負い、「セキュリティーエンジニア」は文字どおり、個人情報保護などのセキュリティーに配慮したシステムやサービスを構築する専門家だ。

これら3つの枠に収まりきらない、あるいは横断的に関わるエンジニアとして、AI（人工知能）開発のプロである「AIエンジニア」や、NFT（非代替性トークン）の普及などで需要の高まっている「ブロックチェーンエンジニア」などがいる。また、サポート的な位置づけとして、開発したサービスや商品にエラーやバグがないかを確認する「テストエンジニア」、専門知識を生かしながら客先に製品を販売する「セールスエンジニア」などの職種も存在する。

さらに視野を広げれば、開発の上流工程には、経営課題をITの視点で分析する「ITコンサルタント」、「ITストラテジスト」がいるほか、前述したプロジェクトマネジャー以外に、製品・サービス単位での経営管理や最適化を行う「プロダクトマネジャー」というポジションもある。社内外のビッグデータを駆使してサービスのアップデートやマーケティングの戦略策定を行う「データサイエンティスト」も、近年需要が高まっている専門職の1つだ。

数は多いが偏在している

日本は、諸外国と比べてもＩＴ技術者の数自体は多く、米国、中国、インドに次ぐ4位だ（ヒューマンリソシア調べ）。

その拡大ペースも中国、ブラジルに続く3位で、２０２1年度から２２年度にかけて１０万人増加している。大学の工学部、情報学部などで学んだ理系出身者だけでなく、就職してからプログラミングなどの専門スキルを身に付ける文系出身者も一定数いる。一方で就業人口に占める割合を見ると、上位勢とは差が開く。国策としてＩＴを推し進める北欧勢などはもちろん、アジア勢でトップの韓国と比べても、比率で見ると小さい。

IT技術者の人口や増加数は世界屈指だが、就業者に占める割合は小さい

IT技術者数

順位	国名	人数(万人)
1	米国	514.0
2	中国	281.4
3	インド	226.7
4	日本	132.0
5	ドイツ	114.0
6	ブラジル	106.4
7	英国	100.6

IT技術者増加数

順位	国名	増加数(万人)
1	中国	18.4
2	ブラジル	14.3
3	日本	10.0
4	米国	9.5
5	フランス	9.4
6	オランダ	9.3
7	英国	6.6

就業者に占めるIT技術者の割合

順位	国名	割合(%)
1	スウェーデン	5.04
2	アイルランド	4.88
3	イスラエル	4.86
12	米国	3.37
19	韓国	2.82
37	日本	1.98

(注)国際労働機関(ILO)の公表データや各国の統計データをベースに分析。増加数は前年度調査との比較。中国は推計
(出所)ヒューマンリソシア「2022年度版:データで見る世界のITエンジニアレポートvol.5」

もう1つ日本に特徴的なのが、エンジニアが「どこにいるのか」だ。2017年と少々古いデータにはなるが、情報処理推進機構（IPA）の資料によれば、日本においてはIT人材の従事する企業の7割超がIT関連業態に偏っている。近年ではフリーランスとして開発業務を請け負う人も増えてはいるが、この偏在の構造は大きくは変わっていない。

一方、ほかの先進国の多くは、IT系以外の企業の従事者が5割以上を占める。つまり、メーカーや小売り、サービス系などあらゆる業態の事業会社が、それぞれ独自にエンジニアを抱えて自社のデジタル化を推進しているのだ。

日本では1980年代後半からのIT化が加速した時代に、システム開発の専門業態としてのシステムインテグレーターや、中小も含めた受託開発企業が発展した。現在トップを走る富士通、NTTデータ、日立製作所といった企業も、出自はさまざまだが、この時代に専門事業者としての地位を築いていった。工業的なものづくりの技術や営業といった価値を重視して成長してきた企業の多い日本において、それらとまったく別の専門性を要するITは、従来の体制と切り分けて外注で構築・運用することで効率化を図ってきた面がある。

この日本のスタイルは、「餅は餅屋」と言えば聞こえはいいかもしれないが、DXが全社の経営戦略の根幹に関わる現代においてはむしろ課題となることもある。事業部門と密接に連携できるIT人材や、IT領域に精通した役員が社内で育ちにくく、外注をするにしても、事業会社側でプロジェクトをハンドリングできる人が限られる。結果として「丸投げ」状態に陥りやすいのだ。

さすがにこの状態に危機感を持ち、非IT企業でも自社でのエンジニア採用を加速する動きが出ている。だが、新卒一括採用やジョブローテーション、年功序列型の給与体系といった日本の旧来型人事システムは、専門性が高いうえに実力主義が当たり前のエンジニアの働き方にはマッチしにくい。ジョブ型などの新しい採用・人事制度に移行する企業も増えているが、まだ一部にとどまっているのが現状だろう。

自社で育てることへの意識は低いまま
―DXを推進する人材を育成する予算の増減―

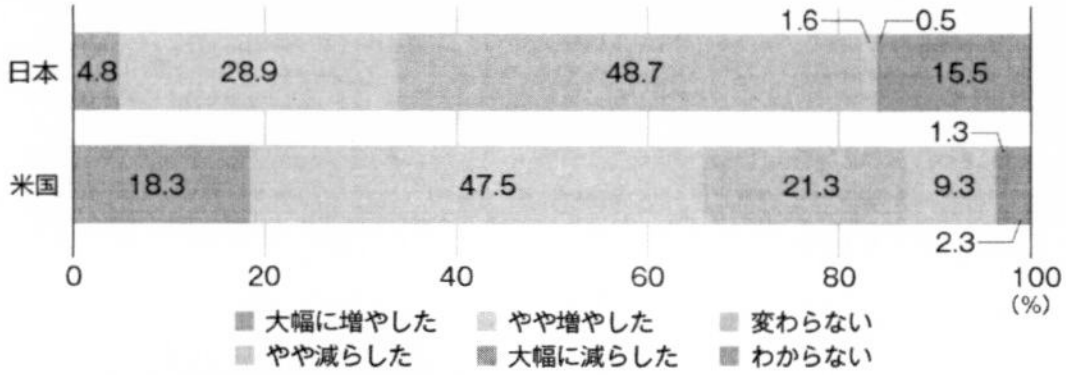

（出所）情報処理推進機構「DX白書2023」

先のグラフのように、すでにいる人材をＤＸ時代に適応できるよう社内で育成しているかというと、これも道半ばだ。ＩＰＡの別の調査（２０２２年）で、「ＤＸを推進する人材を育成する予算の増減」について企業に尋ねたものがあるが、前年比で「大幅に増やした」「やや増やした」の回答が、米国企業は６６％を占めたのに対し、日本企業は３４％にとどまる。勘所を押さえた「失敗しないＤＸ」を体現するには、まだまだ心もとない日本企業が多そうだ。

（長瀧菜摘、中城健佑）

知っておきたいＩＴ基礎用語

実際にシステムやアプリの企画・開発を進める際に、各種のエンジニアなどと、より正確・円滑なコミュニケーションを築き上げる必要がある。そのための基礎的なIT用語を確認しておこう。

ＩＴ用語８選

①ＲＦＰ（Request for Proposal）

「提案依頼書」と訳される。システムの構築や移行を行う際、発注者が実現したいことや予算などをまとめ、開発会社に具体的なシステムの提案をしてもらうための文書。

②ＰｏＣ（Proof of Concept）
システムが技術的に実現可能か、期待した効果が得られるかを検証する工程のこと。似た用語に、企画段階で市場調査などを行い広範に検証するＦＳ（Feasibility Study）がある。

③ＳＬＡ（Service Level Agreement）
通信速度や稼働時間など、サービスが保証する水準や範囲を明記したもの。提供者と利用者との認識の相違をなくすために作成され、保証値を下回った際に利用料を減額することも。

④ＷＢＳ（Work Breakdown Structure）
システム開発プロジェクトに必要なタスクをすべて洗い出し構造化したもの。タスクごとに作業担当者や期限を設定し、スケジュール管理のための工程表として使われる。

⑤OSS（Open Source Software）

ソースコードが公開され、無償で利用できるソフトウェアのこと。プログラミング言語のＪａｖａやＰｙｔｈｏｎもＯＳＳの１つ。利用時にはＯＳＳごとのライセンスに準拠する必要がある。

⑥API（Application Programming Interface）

異なるプログラムやサービスが、相互にやり取りするための仕組み。グーグルマップのＡＰＩを利用して自社のＷｅｂサイトに地図を表示する、といったケースが挙げられる。

⑦デグレード

不具合を修正した結果、別の不具合が発生するなど、状況が悪化してしまうことを指す。中でも修正済みの不具合が再発することを「先祖返り」や「リグレッション」という。

⑧手戻り

作業中に問題が発覚し、前の工程からやり直すこと。開発工程に入って設計ミスが判明したため設計工程からやり直す、といった例がある。コスト増や納期遅延の要因となる。

システム開発言語8選

①C言語（シーゲンゴ）

50年以上の長い歴史を持つ。処理の速さが特長だが、開発言語としての難易度は高い。家電製品や産業用ロボットなどを制御する「組み込みシステム」で多く使われている。

②C++（シープラスプラス）

C言語を拡張した言語。プログラムを部品化する「オブジェクト指向」などを取り入れ、開発効率を向上させた。Ｃ言語と同様に組み込みシステムを中心に幅広く使われている。

③Ｊａｖａ（ジャバ）

Ｃ＋＋と同様、オブジェクト指向型。「ライブラリ」と呼ばれるプログラムの部品が豊富で開発効率は高い。大規模な業務システムからアンドロイドアプリまで幅広く使われている。

④ＪａｖａＳｃｒｉｐｔ（ジャバスクリプト）

主にＷｅｂシステムの画面開発に使われる。Ｗｅｂページに動きをつけたり、入力ミスを警告したりするなど、リッチな操作性を実装できる。名前が似ているＪａｖａとは無関係。

⑤Ｐｙｔｈｏｎ（パイソン）

ＡＩ開発やデータ分析で実績があり注目度が高い。コードのわかりやすさが特長で、学習しやすい。ライブラリが豊富なため汎用性も高く、Ｗｅｂサービス開発に採用されることも。

⑥Ｇｏ（ゴー）

グーグルが２００９年に開発した言語。シンプルなコードとC言語並みの処理速度が特長。歴史が浅く実績は少ないが、Ｗｅｂサービスやスマホアプリの開発で需要が高まっている。

⑦ＳＱＬ（エスキューエル）

データベースを操作し、データの抽出や集計を行う言語。ほかの言語と併せ、業務システムで広く使われる。ＳＱＬの記述方法が性能低下に直結することも多く、専門性は高い。

⑧R言語（アールゲンゴ）

データ解析に特化した言語。Ｐｙｔｈｏｎのように汎用性が高くはないが、短いコードでさまざまな統計解析ができ、グラフも描画できる。機械学習やマーケティングの領域で使われている。

あなたもやっているかも？

エンジニアに嫌われる5つのNG行動

システムエンジニア・作家　黒音こなみ

何げない管理職の行動がエンジニアをものすごく困らせることが多い。相手が文系社員でもシステムエンジニアでも、管理職やプロジェクト担当者が果たすべき役割は変わらない。

彼らと信頼関係を築き、時にはクライアントや社内の関係者との橋渡し役となり、プロジェクトを成功させることにある。その前提を踏まえ、エンジニアと仕事をするうえで彼らが嫌がる、「地雷」となるようなNG行動を紹介していきたい。

この「地雷」を無神経に踏み続けたらどうなるか。まず、あなたは嫌われる。嫌われるだけならまだいい。管理職という立場での振る舞いは、メンバーを疲弊させプロジェクトを破綻へと導くこともある。用心に越したことはない。

〈NG①〉「ITの何でも屋」扱い

「エクセル教えて」「PCの調子が悪いんだけど」「安い宿をネットで探して」……。

エンジニアに、常習的にこんなお願いをしているのなら要注意だ。依頼を終えて背を向けたとき、彼らのため息や舌打ちが聞こえたことはないだろうか。確かに、餅は餅屋という言葉もある。IT関係の諸事はその道に通じた人に任せるのが効率的と思うかもしれない。

しかし誤解してはいけない。エンジニアはIT全般に精通しているわけではない。専門外のことを聞かれたら、あなたの代わりにネットで調べるところから始まる。あなたの業務効率化の裏で、ただでさえ納期に追われがちな彼らの、本来のタスクに費やす時間が失われる。管理職目線で、それは本当に効率的だろうか。

何より、エンジニアは「何でも屋」ではない。雑用ばかり押し付ければ、自尊心も傷つく。彼らの仕事が何なのかをいま一度考え、その職能に敬意を持って接してほしい。人員都合上、どうしてもほかの業務を兼任させたいのなら、話し合って正式にアサインすることが望ましい。直属の部下でない場合は、越権行為にならないよう、相手の上司に話を通すことを忘れずにしてほしい。

〔NG②〕セキュリティーに無関心

パスワードを付箋に書いてPCに貼っているのなら、改めたほうがいい。エンジニアは、きっとあきれた目で見ている。ほかにも怪しいメールを不用心に開いたり、データのバックアップを怠ったりはしていないだろうか。

考えてみてほしい。貴社の情報資産は、紙媒体のものとデータ管理のものとでどちらが多く、また重要度が高いだろうか。いずれもデータのほうだというケースは今や珍しくない。それでいてデータは紙以上に危うい。記憶装置の故障、人為的ミス、不正アクセスなどでたちどころに失われてしまう。最悪は情報流出だ。

そのことをエンジニアはよく知っている。そして実際に何か起これば、後始末で自分たちにシワ寄せが来ることも知っている。だからセキュリティーに無関心な人間を、会社と自分に不利益な危険因子と見なしがちなのだ。

もちろん、彼らの目線でしかわからないこともある。だからこそ注意や提案には、真摯に耳を傾けたい。過剰だと感じた点は議論してもいい。もとよりすべてに対策を講じるのは難しい。コストとてんびんにかけ、守るべき情報資産を決定するのも重要な作業だ。

〈NG③〉指示や説明が曖昧

「いい感じにやっておいてくれ」「言われなくてもわかるだろう」「何もしていないのに壊れた」……。これらは要注意ワードだ。エンジニアはあいまいな指示や説明を嫌う。融通の利かない性格だからではない。融通の利かない仕事が多いのだ。例えばシステム開発をするときは、入力欄一つ取っても、基本は入力可能文字数を決める必要がある。

開発以外でも、あいまいな指示で割を食うことが多い。クライアントや発注者が発注しなかったせいなのに、納品後に「あの機能がない」などとクレームを受けることがある。そしてサポート期のトラブル対応では、相手の要領を得ない説明に、たびたび頭を抱えているのだ。

よってエンジニアから情報提供を求められたら、明確に応じてほしい。入力可能文字数の例でいうと「何文字でも入るようにしろ」では困る。家を建てるときに「何人でも住めるようにしろ」と言うのと同じだ。根拠のある数値を提示できるようにしよう。プロジェクトでは、必要となる情報をリストアップしてもらうとよい。

なお、システムのトラブル対応を依頼するときは、エラーコードや画面のスクリーンショット画像を提供すると喜ばれる。

〔NG④〕学習する気がない

専門用語や難解なテクノロジーについての理解は、エンジニアの領分だと割り切っている人がいるかもしれない。間違いではないが、だからといって、「マニュアルや資料を読まない」「同じことを何度も聞く」。これをやられると、相手は幻滅してしまう。「学習する気がない」という態度は、存外強烈な悪印象を与えるのだ。新人のとき、同じ質問をしないために、先輩から「メモを取れ」と言われた人も多いだろう。

さらに程度を見誤ると、管理職としての資質すら疑われてしまう。場面によっては、クライアントからもだ。例えば「クラウド」という言葉は、今やエンジニアでなくても、雰囲気だけでも理解しておくべきキーワードだ。「知らん」と偉そうに開き直れば、もはや相手に引かれてしまう。

まずは、何も覚える必要がないという認識を改めよう。プロジェクトで飛び交っている用語やシステムの概要は、打ち合わせやプレゼンテーションに支障がないレベルで理解しておきたい。共通の知識が増えれば、意思疎通もスムーズになる。わからないことは教えてもらい、聞いたらメモをしよう。「クラウド」のような一般的な言葉なら、自分でネット検索をして調べるのもお勧めだ。

〔NG⑤〕味方になってくれない

最後は、信頼関係を築くうえで、とくに注意してほしいNG行動だ。具体的には、「クライアントの要求を押し付ける」「不具合を頭ごなしに責める」「何かあったときにかばわない」など、「味方になってくれない」ことで失望させる振る舞いだ。

これらは、IT業界の事情を知らないと、思いのほかやってしまいがちだ。エンジニアの主張が、甘えや言い訳に聞こえることがあるからだ。

例えば宿泊中のホテルが停電したとする。フロントに尋ねると落雷が原因だと言われた。それは仕方がないと思うはずだ。しかしIT業界では、この落雷に該当するような事情を説明しても、相手が詳しくないと納得してもらえない。

エンジニアは、自分たちがそういった無理解に囲まれていることを知ってはいる。

だからといって、身内である管理職にすら理解してもらえないとしたら、それはやりきれない。

ITプロジェクトは、すべてのフェーズで不測の事態と隣り合わせだ。エンジニアは、それらを回避しようとし、時には失敗もする。クライアントの要求と衝突することもある。そんな彼らの背景について、コミュニケーションを重ねて知ってもらいたい。

最初は理解できないかもしれない。だとしても、どうか彼らの味方でいてほしい。

黒音こなみ（くろね・こなみ）

ソフトウェア開発に従事し、2019年から執筆活動を開始。FMラジオ番組「IT正常運用促進課」構成作家。技術同人誌サークル主宰者。著書に『IT素人を説得する技術』。

地雷ポイントは随所に

これがシステム開発手順だ

ＤＸやＩＴシステムは確立された工程手順に沿っている。そしてその工程ごとに、失敗につながる「地雷ポイント」がある。後の章では各工程で想定される7つのポイントを解説していく。

古くからの主流の開発手法が「ウォーターフォール開発」だ。プロジェクトを上流工程の企画から、開発、運用といった下流工程まで滝のように順番に進めていくことから名付けられた。

基本的なプロセスは、「①企画」→「②要件定義」→「③基本設計・詳細設計」→「④開発・実装」→「⑤テスト」→「⑥導入・運用」の6つのフェーズ（段階）で進む場合が多い。

まず、開発プロジェクトを立案する「企画」の工程から始まる。会社の経営方針や事業戦略、現場のニーズなどに基づき、つくりたいシステムやアプリ、そこに求める機能、リリースの時期といった概要や規模感を明確にする。

企画したシステムを実現するためには、開発を担うスタッフが必要になる。社内で開発することもあるが、システムインテグレーターやソフトウェア開発会社といった、いわゆる「開発ベンダー」に発注することが多い。

その際、ＲＦＰ（提案依頼書）を作成し、つくりたいシステムや完成希望時期、予算感などを伝える。開発ベンダーは、これに基づいて作業量や費用を見積もった提案書を提出する。提案書を評価し、社内の合意を得たうえで発注先を決定し、契約へと至る。

次に行うのが「要件定義」だ。つくりたいシステムを完成させるために具体的にどういう要素が必要かを明確にしていく。どんなハードシステムやソフトウェアで開発するかもこの段階までに決める。

要件定義が固まると、設計へと進むが、工程は大きく「基本設計（外部設計）」と「詳細設計」とに分かれる。基本設計では、入力画面や帳票など、利用者が実際に使う画面や操作手順を設計していく。

ユーザーインターフェース（ＵＩ）に関わるデザインの部分もしかりだ。一方の詳細設計では、データベースの構造、各プログラムの範囲や役割など、システムの内部の仕様を決める。

一連の要件定義や設計工程で決められた仕様は「仕様書」や「設計書」の形でまとめられる。

設計が終わると、プログラミング（プログラムコードを書くことから「コーディング」とも呼ばれる）作業を行い、機能ごとのソフトウェア（モジュールと呼ぶ）をつくりながら全体のシステムを完成させていく。この工程を「開発」または「実装」と呼ぶ。

実装が完了すると、プログラムに誤りや欠陥などの「バグ」がないかを確認する「テスト」作業に入る。何かしらのバグは必ず発生するので、いかにそれらを発見、解消するかが重要だ。ここまでに発注者とベンダーの意思疎通が足りていないと、設計段階などの上流工程にさかのぼってつくり直す「手戻り」という惨事にもつながる。

テストを経てバグが解消されればシステムがリリースされる。そして実際の業務担当者への操作方法の説明やサポート体制の構築など、日々の「運用」を軌道に乗せる「導入」の工程を経て、開発プロジェクトは一区切りとなる。

大規模開発を中心に用いられているウォーターフォール開発手法だが、企画から導入までに時間を要し、社会の変化に合わせた仕様変更など機動的な対応が難しい。

機動的な開発手法が続々

そこで、変更があることを前提にした「アジャイル開発」という手法が広まっている。アジャイルとは「素早い」「機敏な」という意味で、クラウドサービスやスマートフォンアプリなどの開発現場で一般的になっている。

要件定義から設計、開発、テスト、リリースまでの流れや基本的な構成要素はウォーターフォール開発と変わらない。違いは、その開発範囲を小分け（モジュール＝機能）にしている点と、それぞれのモジュール毎に要件・設計・実装・テストのプロセス内で循環して（修正などの必要があれば、早い段階で前の行程に立ち返り、完成度を高めていく）リリースに至る。こうすることで、手戻りなどの負担を最小限に抑えつつ、仕様変更や問題発生に機動的に対応できる。一方で、当初の開発想定から乖離し、費用や時間が膨らむ可能性は高まる。ずっとプロジェクトが続く印象があるため、開発者の士気が低下する懸念もある。

アジャイル開発と似た手法に、試作品開発を繰り返す「スパイラル開発」がある。また、開発と運用を一体にして完成を目指す「デブオプス（DevOps）」、データ処理（Model）と表示部分（View）を切り離して開発し、両者をつなぐ（Controller）で構成する「MVCモデル」など、変化の速い時代に合わせた手法も次々登場している。

（宇都宮　徹）

デジタル化そのものを目的にしない

「開発前夜」がDXを決める

ケンブリッジ・テクノロジー・パートナーズ
バイスプレジデントCOO・白川　克

数年前の「DXブーム」に比べて減ってはいるが、DX推進のプロジェクトリーダー（PL）に任命された人が困って相談に訪れるケースが今もある。その際、まず「デジタルは脇に置いて、何が課題で何を変えたいですか？」と尋ねている。

米国の作家、サイモン・シネック氏が提唱する「ゴールデンサークル」をご存じだろうか。企業や人を動かす偉大なリーダーの思考・行動パターンを、Why・How・Whatのサークルで図式化したものだ。

◆「会社をどうしたいか」をまず詰めよ
―システム開発にも役立つサイモン・シネックのゴールデンサークル―

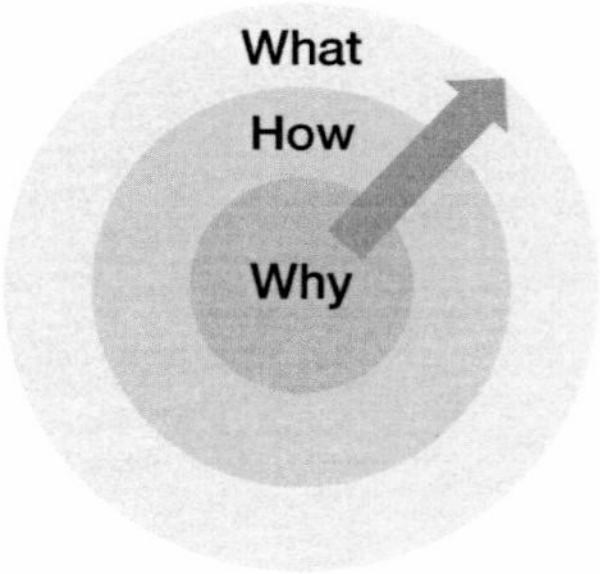

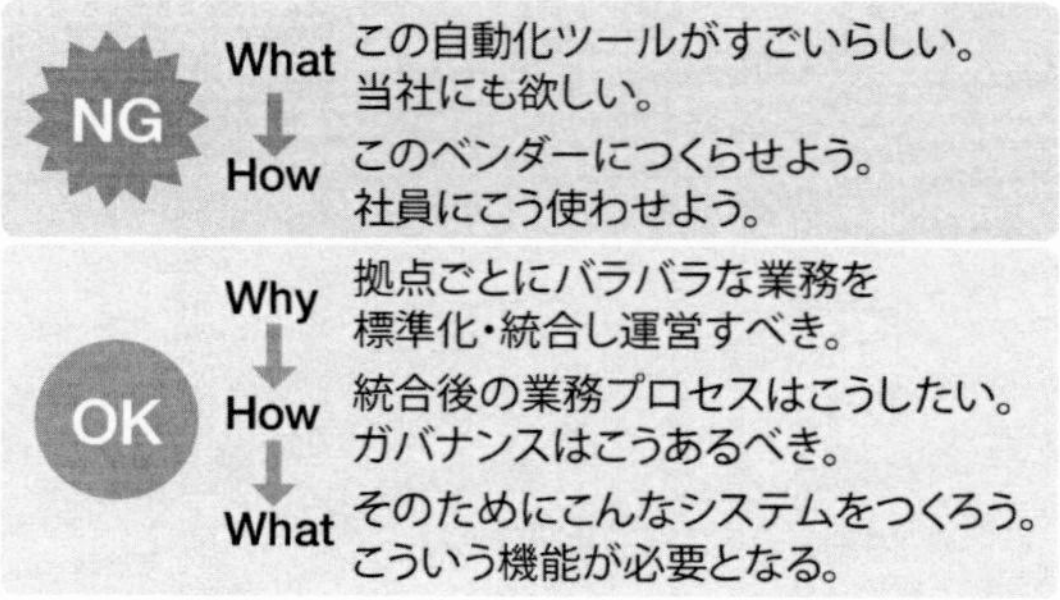

（出所）筆者作成

それはシステム開発にも当てはまる。多くは「What」「How」といった手段の議論が先行し、「Why」が置き去りにされている。それではよいシステムは完成しない。先に議論すべきは「このツールが欲しい」ではなく、「こんな顧客体験を実現したい」「会社をこう変革したい」といった「Why」だ。

しかし、この「Why」のゴールを決めるのは簡単ではない。まずメンバーの理解が最も乏しいプロジェクトの発足時点で設定しなければならないからだ。さらにさまざまな部署の人間が集まるため、目指したい方向性や課題意識が異なる。結果、「環境変化に柔軟に対応」「業務の標準化を目指す」など誰も反対しない抽象的なゴールを設定しがちだ。それが後々「各論反対」の嵐に遭い、プロジェクトが迷走してしまう。

では「よいゴール」とは何か？

第1は「わかりやすい」こと。メンバーだけでなく協力する社員や参画するベンダーにとっても具体的でわかりやすいメッセージこそが意思決定の判断基準になる。

第2に「プロジェクトで使える」こと。「使える」とは、プロジェクトの過程でもめ事が起こった際「あのときこう議論しましたよね」と立ち戻れる指針となるゴールだ。優先度を決め「やらないこと」を明示することも「使える」ゴールの重要なポイントだ。

第3に「きれい事ではなく地に足が着いている」こと。プロジェクトが進むにつれ、投資金額が膨らむ、人手が不足するなど想定外の困難に直面する。「環境変化に柔軟に対応」などのきれい事では困難を乗り越える武器にならない。

「エグい議論」が不可避

それを設定するためには、「エグい議論」を避けては通れない。「業務とシステムを統一」というゴールなら、統一化のメリット・デメリットやどこまで統一するのかを徹底的に議論する。メンバー間の認識のズレを引き出すため「なぜそう思うのか？」などと議論を吹っかける必要もある。私が支援するプロジェクトでも、「エグい議論」を戦わせ、みんなで1枚の紙にゴールを収斂させていく。

ＰＬに任命されて「文系なのに」と悲観する必要はない。求められるのは、業務全体の流れを体系的に理解したうえで「本当に欲しいもの」を語れる能力だ。それは、理系エンジニアよりもむしろ「文系」のほうが向いているのだ。

（構成・ライター　堀尾大悟）

白川　克（しらかわ・まさる）

１９７２年生まれ。一橋大学卒業。中堅ソフトハウスでシステム開発を経験後、ケンブリッジに転職。『システムを作らせる技術』（共著）など著書多数。

【地雷ポイント①】要件定義

「見極め」と「議論」を怠るな　プロジェクトの成否はここで決まる

グロリア代表・石黒直樹

企画の段階では何を実現したいかを決めたが、要件定義では、企画を実現するための要件＝必要な条件を整理する。そのうち、システムで実現する必要があるものを設計・開発（プログラミング）してつくり上げる。

要件定義は、主に2種類ある。「業務要件定義」と、その業務を実現するために必要な「システム要件定義」だ。順序は必ず業務要件定義を先に行う（スケジュールの都合上、途中から並行で行うことも多い）。業務のためにシステムを開発するので、システム要件を先には決められないからだ。

業務要件の中にはシステム以外の方法で対応できるものもある。当然、それらに関してはシステム要件定義を行う必要はない。

このとき、時間をかけて細かく要件定義を行っても、100点満点にするのは不可能と考えていただきたい。そもそも要件をすべて出し切ること自体が難しいうえに、ビジネス環境の変化で要件自体が変わることはよく起こるからだ。

丸投げは絶対にNG

肝に銘じたいのは、要件定義の内容に責任を取るのは「自社」だということ。外部のコンサルティング会社やシステムインテグレーターと一緒に検討することが多い工程だが、丸投げは絶対にNGだ。外注先との契約上の責任の所在の話だけではなく、要件定義の失敗によって使えないシステムが出来上がっても、その被害を受けるのは実質的に自社であり、裁判となり勝訴したとしても、失った時間は取り戻せない。

企画を実現できる要件をしっかりと出せていること。プロジェクトの成否はこの時点で決まっていると言っても過言ではない（この先の工程で失敗することもあるので、成功の可能性がなくなるという言い方のほうが正しいだろう)。

少し古い話だが、米国のアラン・M・デービスという教授が1990年代に出版した著書『ソフトウェア開発201の鉄則』の中で、「要求時点の誤りの修正は、設計段階だと5倍、開発段階だと10倍、テスト段階だと20倍、リリース時点だと200倍のコストがかかる」と指摘している。いかに上流工程で正しい設計ができるかがコスト面でも大きく響くということを知っておいてほしい。

では実際に要件定義の段階でどのようなものをつくるのか。

業務要件定義は、企画を実現するためにどのような業務を行い、そこにシステムがどう関わってくるかを決める。その際、よく使われるのが「(新)業務フロー」を作成する手法だ。クレジットカード発行の業務フローであれば、お客様が申込書(紙)に記入し、受付センターに提出。受付センターで入力後、与信部門で与信確認。問題がなければカード発行処理を行う……。こういった一連の流れだ。人とシステムの関わり方を明確にし、業務が成り立つことを確認するとともに、どこにシステムが必要かを洗い出す。

◆ 業務フローを図示し、業務の要件を定義
—業務フローの例—

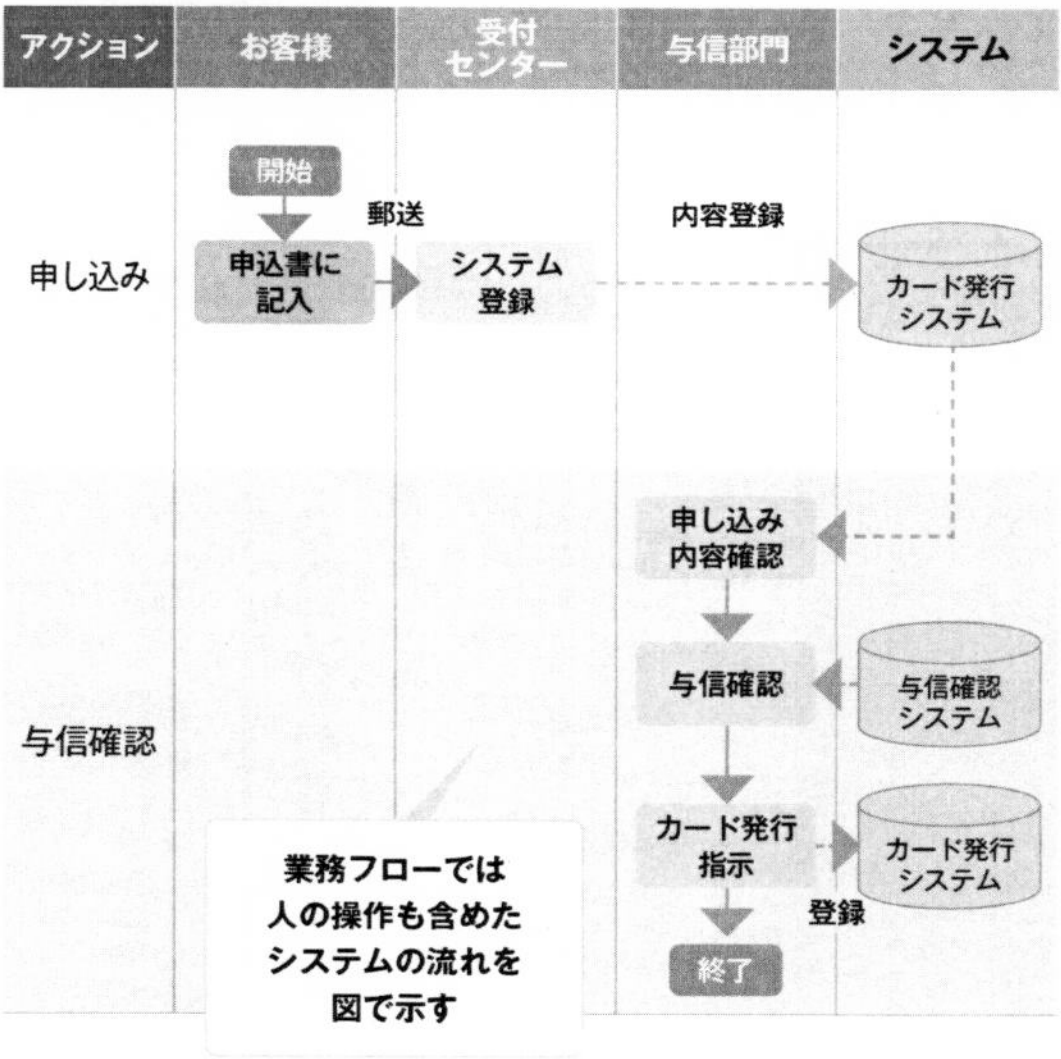

（出所）筆者作成

加えて、業務フローでは整理しづらいビジネスルールを整理する。例えば、与信確認時に○○の条件に合致すれば、カード限度額を○○円とする、といった内容だ。

一方、業務要件で必要とされたシステムを開発するための要件を定義するのがシステム要件定義だ。

定義すべき内容は「機能要件」と「非機能要件」に分かれる。機能要件とは、例えば申し込み内容を画面で参照できること、申し込み登録をしたら与信部門に自動メールを送信することなど、システムに求める処理のことである。

難しいのが非機能要件。機能面以外でシステムに必要になる条件ということであるが、例えば「画面の応答は3秒以内」「1分間に1万件の注文が受け付けられる」といった定義だ。

失敗につながる3行動

こうした要件定義ではプロジェクトの担当者が、開発部門と共に活動することになるが、その際、開発部門が嫌がり、さらに失敗につながる行動を挙げていきたい。

①要件を決めない

要件定義をしているのに要件を決めない。はっきりいって時間の無駄だ。しかしなぜか往々にして発生する。担当者を責めるのは酷なケースも多い。まず、該当の業務自体を知らないため、要件を判断しようにもできないケース。そして、その判断を行う権限がなく、その場で確定できないケースだ。一方で、責任を負いたくないがゆえに、のらりくらり、たらい回しにするケースもある。

経営層や管理職としては、業務に精通している人材（いわゆるエース級）を投入し、権限を委譲するか、要件確定を判断する会議体の設定といった運営体制がつくれているかをチェックする。

担当者としてエース級を割り当てる場合は、ほかに抱えている業務量を調整することも大切だ。エース級の社員は皆忙しく、要件定義に時間を割けていないことが多い。それではプロジェクトが失敗する確率が高まる。要件定義活動に時間を割けるようにするのが、経営層や管理職の責務である。

やる気のない担当者もまれにいるため、主体性の有無についても要チェックである。

②課題解決に非協力的

「課題」とは、検討する中で見えてくる問題のことだ。課題が発生しないプロジェクトはないだろう。要件定義において出る課題はシステム的（技術的）なものもあるが、どちらかというと手順の変更やルールの見直しなど、業務で解決すべき課題のほうが多い。システムで実現できるが、途方もなくコストがかかるため、業務方法を考え直す必要が出てくる。

そうした課題解決に非協力的だと、開発部門に嫌がられる。とくに「システムで何とかしてよ」という発言は最悪。何とかするのが難しいから課題として挙げているのだ。このようなことが繰り返されると、事態はより深刻化する。課題があっても「言っても無駄」と思われ、連携されなくなる。勝手な解釈で進められ、結果的に使えないシステムが出来上がる。

システム設計というと、機械的な作業のように感じるかもしれないが、そんなことはない。コミュニケーションの塊であり、要件定義の質は人間関係の賜物なのだ。経営層や管理職は、そうしたコミュニケーションができているか、しっかりと点検するべきである。

③スケジュールを守らない

スケジュールは守るのが当たり前だが、それが困難なのが要件定義だ。なぜなら、要件定義は「どこまで定義すれば完了か」が非常に不明瞭だからだ。掘れば掘るほど時間はかかる。しかし、浅すぎると要件の検討が足りなくなる。

開発部門としては要件が細かくしっかりと出ているほうが失敗リスクは低くなる。しかし、多くのシステム開発プロジェクトはリリース時期が決まっている。要件定義の完了がズルズルと遅延すればするほど、後工程にシワ寄せが行く。システム開発はどれだけお金を積んで開発体制を厚くしたとしても、納期短縮には限界がある。

システム開発はよく建築に例えられる。50階建てのタワーマンションを建築することをイメージしてほしい。設計がなければ造れない。基礎工事完了前に上物は建てられない。上物も1階ずつしか建てられない。スケジュール上どうしても直列にならざるをえない部分がある。つまり、無理な納期短縮は、純粋に品質問題を招く。

とはいえ、低質な要件定義で先に進むのは失敗したも同然だ。そこで経営層や管理職がすべきは、要件定義の質をしっかりと見極めること。質は、発生した課題の内容やその対応方針を見るとわかる。自身でも気がつくような大粒な課題がしっかり出ているか？　その対応方針が納得のいくものか？　逆に、残っている課題が細かなものばかりなら次の工程に進んでもよいだろう。「課題管理」をしていないのは論外だ。課題管理はマネジメントの基本である。


質の見極めができたなら、予定どおり進めるか、スケジュールを延ばすか、またはスコープを絞る（予定したスケジュールで開発する範囲を狭くする）かを判断する。

当然、そもそものスケジュールが妥当か、確認することも忘れてはならない。開発部門は「早くやれ」と言われると、無理やりそのように線を引いてしまう。

妥当かどうかの判断は担当者でないと難しいが、判断するコツの1つは過去の実績と比較することだ。もちろん成功したプロジェクトとの比較である。そうした情報がなくリスクを感じる場合は、スコープを絞ったり、段階的にリリースしたりなど、失敗時の影響範囲を減らす開発を検討すべきだ。

費用は論理的に確認

システム開発をシステムインテグレーターなどに外注する場合、避けて通れないのが開発費用の妥当性だ。スクラッチ開発（自社用の専用システム開発）なら、基本的には工数積み上げでの見積もりとなる。「つくるのに○人月必要。1人1カ月の単価が○万円なので、金額は人月 × 単価となる」、といった具合だ。

システム開発の内容がわからないため判断しようがないかもしれないが、もちろん理解を放棄してはいけない。理解のコツは、システム目線ではなく、大まかでもよいので論理的に確認すること。

例えばA、Bという機能があり、AはBの5倍の見積金額だったとする。その理由が「機能Aに必要となる更新画面の数がBの5倍だから」であれば、システムの細かなことがわからなくとも理解できる。このように一般人が聞いてわかるような論理の説明を求めるのが大切だ。こうした説明によってシステムインテグレーターの力量を測ることもできる。比較の例をほかに挙げると、データベースの「テーブル数」や作成する「プログラム本数」「外部接続数」などがある。さらに、定性的ではあるが「ロジック難易度」も1つの基準として使える。

最後に、経営層や管理職が見ておくべき要件定義完了のポイントを伝えておきたい。

①もともとの企画が実現できるか

現場担当者は得てして視野が狭くなりがちだ。本質（目的）が満たせているのかチェックしよう。

②IT投資額は妥当

これは、リリース後の運用費も込みで判断するべきで、概算でよいので運用費も確認すべきである。

③今後のスケジュールの余裕度

例えば、大きな課題が発生したときに、それらをシステム開発に組み込めるポイントをつくっているか。想定リスクはどういったものがあり、顕在したときの対処法が何であるかを確認しておく。

ITリスクは経営リスクに直結するといわれる。その中で要件定義は重要だ。この時点ならまだ傷は浅い。肝に銘じて対応しよう。

石黒直樹（いしぐろ・なおき）
1981年生まれ。野村総合研究所勤務を経てグロリアを設立。中小企業、個人事業主のビジネス発展を、ITを軸に支援。著書に『情シスの定石』。

性能、セキュリティー、バックアップ…

おざなりにできない「非機能要件」

レスポンスは3秒以内で――。性能のように、どういった基準でシステムを稼働させたいかという要件を「非機能要件」と呼ぶ。セキュリティーや運用に関するものなど幅広く存在し、要件定義の段階で見落とすと実運用に堪えないシステムができてしまうおそれがある。

非機能要件を定義する際のポイントを見ていこう。

情報処理推進機構（ＩＰＡ）が作成した「非機能要求グレード２０１８」では、非機能要件を6つの大項目、１１８個の小項目、２３８個の指標に体系化している。「性能・拡張性」には「オンラインレスポンス」という画面の応答速度に関する項目があり、通常時やピーク時など複数の指標がある。

◆ **運用・保守からエコロジー要件まで多種多様**
—主な非機能要件—

大項目	小項目
可用性	運用スケジュール
	目標復旧水準
	冗長化（サーバー、ネットワーク等）
性能・拡張性	通常時の業務量
	業務量増大度
	オンラインレスポンス
	拡張性（CPU、メモリー等）
	性能テスト
運用・保守性	バックアップ
	運用監視
	試験用環境の設置
	保守契約（ハードウェア、ソフトウェア）
	サービスデスク
移行性	移行のスケジュール
	移行データ量
セキュリティー	セキュリティーリスク分析
	セキュリティー診断
	認証機能
	データ暗号化
	不正監視
	ネットワーク制御
	マルウェア対策
システム環境・エコロジー	構築時の制約条件
	特定製品指定
	CO_2排出量

（出所）情報処理推進機構「非機能要求グレード2018」から一部を抜粋し東洋経済作成

ただ、理解が難しい項目も多く、要件定義段階ですべて明確にするのは容易ではない。開発ベンダーなどから助言を得つつ、システムに適した非機能要件を決めるとよい。

その中でトラブルになりがちな非機能要件の1つが性能だ。性能に関する要件を設けても、それを満たせないケースは多い。性能に影響を与える要因は、サーバーのスペックやネットワーク状況、さらにはプログラムの実装方法など多岐にわたる。想定外のものが1つあるだけで性能が悪化することがある。性能の要件を確実に満たすために、本番環境と同等の検証環境を用意して早めに性能試験に着手する対策が有効だろう。

もう1つ重要なのがセキュリティーに関する要件。個人情報漏洩などセキュリティー事故が起きれば企業は信用を失い、経済的損失につながる。

IPAが作成した「セキュリティ仕様策定プロセス」では、システムにどういったリスクがあるかを開発ベンダーと協力して評価したうえで、対策する・しないを決定し、セキュリティー仕様書として記録することを推奨している。加えて、第三者によるセキュリティー診断も検討すべきだろう。

（中城健佑）

価格は適正か？　開発会社と価格のキホン

誰とＤＸやシステム開発を進めるか。この選択にも地雷ポイントがある。開発能力が弱い先に大規模案件を依頼してしまったり、自分でもつくれるシステムを大手開発ベンダーに依頼して費用対効果が合わなくなったりと、実際あらゆる失敗が起きている。

システム開発の依頼先は次表のような選択肢がある。まず社外に発注するか、社内で開発するかに大別できる。

誰に頼むか

		単価	信頼性	迅速対応力	特徴・メリット	問題点
社外に依頼	大手システム開発会社	△	◎	△	プロジェクトマネジメントの経験と実績が豊富なため、大規模開発に向く。技術力が高く、あらゆるシステムに対応可能。不測事態のバックアップ体制も整う	開発単価が高め。多くの人が携わるため、設計変更や改修などがあると、時間がかかることがある
	中小システム開発会社	○	○	△	大手より割安に発注が可能で、得意な分野であれば、大手をしのぐ開発もできる	得意な領域や実績が限定され、大規模開発には不向き。不測事態のバックアップ体制も大手より劣る
	派遣エンジニア	○	○	○	ITエンジニアの派遣で対応。人数の調整ができるうえ、柔軟な開発が可能に	発注者が開発の進捗管理をする必要があり、社内の負担が外部に委託するより増大
	フリーエンジニア	◎	△	○	簡単なシステムを素早く開発可能。中間マージンがないため単価も安くできる	依頼するITエンジニアの技術力が足りなければ失敗するリスク大。担当エンジニアが途中で稼働できなくなれば、開発自体もストップ
社内で開発	システム開発部門	◎	○	○	会社の業務を把握しているため、的確な開発が可能。外部に支払う開発費も不要	システム部門の規模にもよるが、人的リソースの都合で開発の「順番待ち」を強いられることも。不得意分野に対応できないこともある
	自分やシステムが得意な同僚	◎	△	◎	業務改善に直結するシステムを手軽に開発可能。改修などにも迅速に対応でき、費用もかからない	プログラムなどの開発スキルが必要。仕様書もなく作成することが多いため引き継ぎが難しく、システムの改修なども属人的になりがち。つくれるものにも限界がある

（出所）東洋経済作成

社内なら情報システム部などシステムエンジニアを擁する部署に依頼するのが王道。何よりも自社業務に精通しているのが大きい。ただ多くの案件を抱え、追加で開発を頼む余裕がないことも多い。

もちろん自分でつくる、あるいはシステムが得意な同僚に頼む手もある。Ｐｙｔｈｏｎ（パイソン）など比較的簡単なプログラム言語や、プログラミングが不要なノーコードを使えば、ちょっとしたツールはつくれる。依頼の手間が省けるし、コスト面でも安く済む。しかし属人化することが多く、セキュリティーなどへの理解不足によるリスクも大きい。

やはり主流は、外部に発注する形だろう。大型案件なら知名度の高い大手の開発ベンダーに依頼することが多い。どんなシステム開発案件にも対応でき、開発人員を多く確保できるのが魅力だ。ただ、費用は割高になりがち。プログラミングなどの作業をさらに下請けに出すことが多く、チームが複雑化することもある。

中小のシステム開発会社になら、大手に比べ割安に発注することができる。一方、得意分野が限られる傾向にあり、多種多様な開発は難しい。無理に不得意分野を発注すると開発が滞る可能性がある。

フリーランスのエンジニアに発注する選択肢もある。最近はクラウドソーシングによる発注も一般化してきた。中間マージンがほぼないため割安だが、個人のマンパワーには限界があり、小規模な開発で発注するのが現実的だ。また、個人の技術力を判断する目利き力や、プロジェクト全体を社内でハンドリングする能力が問われる。

派遣社員に頼むケースもある。通常の外注は契約上、直接指揮・命令できないが、派遣であれば可能だ。ただ、管理能力が求められるほか、近年エンジニア派遣は需要が高く人員確保が簡単ではない。

なお外部発注については、要件定義と実装とを別の会社に頼むなど、工程ごとに組む相手を変えることがよくある。

どう開発するかも発注時に考慮しておいたほうがよい。開発手法については先の記述でも触れたが、ここではシステムの構築方法などについて簡単に触れておく。

まず、一から開発する「スクラッチ開発」と、市販のソフトウェアをベースに自社の開発案件に合わせてカスタマイズする「パッケージ開発」に分けられる。前者は、他社にはないシステムを開発する際に威力を発揮する。パッケージ開発は、人事管理や経理システムのように、共通項目が多く、どの会社でも求める機能に差がない場合に向いている。開発費用や期間を少なくできるメリットがあるが、提供元の都合による販売休止やサポート終了のリスクがある。

ハードについては、従前はオープン系システムで開発することが多かったが、最近はクラウドを介したＷｅｂ系が増えてきている。システムの目的別の種類は、基幹系システムと情報系システムに大別される。

どんな種類のシステムをつくるか整理

◆ イチからつくるか、ソフトを使うか

	特徴	メリット	デメリット
スクラッチ開発	一からソフトウェアを設計し、プログラムを開発する手法	システムを自由に設計・構築可能	開発に時間がかかり、コストも高め
パッケージ開発	ある程度機能を持つソフトウェアを使ってシステムをつくり上げる	開発期間や開発コストが抑えられる	カスタマイズが簡単ではない。ソフト販売元のサポート終了のリスク

◆ システムの種類・ハード別

	特徴	メリット	デメリット
汎用系システム	「メインフレーム」という大型コンピューターを使ったシステム	大規模な処理に向き、セキュリティー性が高い	カスタマイズしにくい
オープン系システム	標準規格のシステムやプログラミング言語を組み合わせて開発するシステム	柔軟な開発ができ、ほかのシステムとの連携も容易	不正アクセスなどセキュリティーリスクがある
組み込み系システム	家電製品や車載機器など、特定の機器に組み込むシステム	必要最小限の機能に特化し、高速な処理が可能。小型化、低コスト化もできる	ハードウェアとの連携が必要で開発が複雑
Web系システム	Webブラウザーを介して動くシステム。ECサイトや予約システムなどで利用	多くのユーザーに手軽に利用してもらえる	Webブラウザー上で実現できることに限定される
スマホアプリ	スマートフォンなどのモバイルデバイスで使うシステム	通知機能やバーコード決済機能など、高度で利便性の高い機能が実装できる	開発コストが高い。iOSとアンドロイドで別々に開発する必要性。ダウンロードの手間も

条件によって価格に差

最後にシステム開発にかかる費用だ。開発費用は、基本的に人月（開発工数）×単価で計算される。人月は10人が3カ月かけて完成するシステムなら10×3＝30人月と表現される。これに開発者の1カ月当たりの報酬単価を掛ける。単価は一律の場合もあるが、開発者のスキルや役職に応じて変えることが多い。プログラマーで人月単価40万円程度から100万円以上、優秀な上級システムエンジニアになると月200万円程度になることもある。ここにハードウェアやソフトウェアの導入費用が加わる。

開発案件ごとの相場も気になるところだろう。

これが開発費の相場だ

◆ システム開発の相場

システムの種類	平均相場
営業系システム（例：SFA／CRM）	133万～247万円
人事系システム （例：勤怠管理、給与計算、ワークフロー、評価）	126万～234万円
販売管理系システム（例：在庫、受注、POS）	266万～494万円
会計系システム（例：請求書、経理、財務）	91万～169万円
生産管理システム（例：施工、プロジェクト管理）	133万～247万円
基幹系システム（例：ERP）	315万～585万円
ポータルサイト	168万～312万円
予約システム	90万～182万円
オンラインショップシステム	175万～325万円

◆ アプリ開発の相場

アプリの種類	平均相場
ゲーム	182万～338万円
学習	315万～585万円
SNS	231万～429万円
ECアプリ	203万～377万円
マッチング	245万～455万円

（注）ユニラボが運営する発注業者比較サイト「アイミツ」の過去3年間の成約データを基に算出。算出した成約単価平均の±30%を相場としている
（出所）ユニラボ「アイミツ」

実際の見積もり例

◆ 予約システムの発注の場合

例①

依頼会社	アミューズメント企業
条件・機能	新規開発。機能：予約システム、順番待ち、呼び出し、決済機能
開発期間：6～7カ月、約15人月（中堅システム開発会社による見積り）	
共通機能開発	300万円
予約機能開発	350万円
その他機能開発	350万円
合計	1000万円
運用費等（サーバー費等）	月2000円～

例②

依頼会社	研修・スクール企業
条件・機能	月間300ユーザー利用、既存システム改修 機能：予約システム、会員登録、お知らせ通知
開発期間：1～2カ月、約3人月（小規模システム開発会社による見積り）	
共通機能開発	15万円
エラー改修	35万円
機能追加	25万円
テスト	15万円
合計	90万円

（出所）ユニラボ「アイミツ」

先の表は発注業者比較サイト「アイミツ」を運営するユニラボが、直近3年間に取引があった事例を基に算出した案件ごとの相場だ。当然この相場から乖離するケースもあるし、条件によって価格も変動する。あくまで参考としてご覧いただきたい。

また、実際に出された見積もりの例が下図だ。予約システムといっても要件や会社によって大きく金額が異なることがわかるだろう。

【地雷回避】ここがポイント！

①開発規模に合わせて発注先選定
②「技術不足」見る目利き力が必要
③イチからか、市販かで価格に差
④条件によって開発費用は変わる

（宇都宮　徹）

理解不足が大問題の火種に　裁判沙汰にも

契約のことは開発ベンダーや法務部門に任せる――。ただでさえ専門性の高いシステム開発でそう考えてしまうのも無理はない。ただ契約書は、「誰がいつまでに何をつくるのか」「仕様変更や不具合にどう対応するか」など、プロジェクトのルールを定めるもので、内容を理解せずにプロジェクトを進めると予期せぬトラブルになることがある。それを回避するために最低限理解しておきたいのが「契約形態」だ。

「請負」か「準委任」か

システム開発では「請負契約」か「準委任契約」の契約形態を採ることが多い。請負契約は、受託者が委任された仕事を完成させることを約束するもので、発注者は完成した成果物に対して報酬を支払う。準委任契約は受託者が委任された仕事を履行することを約束するもので、完成は約束されない。さらに準委任契約には2つの型がある。仕事の履行そのもの（作業した時間）に対して報酬を支払う「履行割合型」と、仕事の履行によって得られた成果物に対して支払う「成果完成型」だ。

こうした特徴から、請負契約では仕様が固まっている成果物を得やすい。ただ、仕様変更が発生した場合、追加費用がかかったり、納期が遅れたりする可能性が高い。一方、準委任契約は仕様変更に柔軟に対応できるが、成果物の完成を約束するものではないため、納期までに成果物が得られないおそれがある。

◆ 報酬を支払う対象が異なる
—主な契約形態と特徴—

	請負契約	準委任契約	
		履行割合型	成果完成型
受託者の義務	成果物の完成	仕事の履行	
報酬を支払う対象	成果物	作業した時間	成果物
メリット	成果物を得やすい	仕様変更に対応しやすい	
デメリット	仕様変更が難しい	期待した成果物を得られない可能性がある	

(出所)各種資料を基に東洋経済作成

情報処理推進機構（ＩＰＡ）が作成した「情報システム・モデル取引・契約書」（モデル契約）では、工程ごとに契約形態を分ける方法を推奨している。要件定義のように成果物が明確でなく、発注者が責任を持って仕事を完成させることが望ましい工程では準委任契約が推奨され、内部設計や実装のように成果物が明確で、受託者が責任を持って完成させることが望ましい工程では請負契約が推奨されている。プロジェクトの特性に合わせて適切な契約形態を選ぶことが重要だ。

なお、請負契約も準委任契約も指揮命令権は受託者にあり、発注者が作業者に直接指示を出すと「偽装請負」となってしまう点には留意が必要だ。

請負契約か準委任契約かを明確にしていなかったことで、裁判に至ったケースもある。開発遅延でプロジェクトが中止となった際、発注者は請負契約であると主張し報酬を支払わなかったが、受託者は準委任契約であるとして作業時間分の報酬を求めた。こうしたトラブルを避けるためにも、契約形態を明確にしておくことは大事だ。

ただ、それだけでは十分ではない。どのようにプロジェクトが進められたかという事実が裁判では重視されるからだ。トラブルを避けプロジェクトを成功させるために、発注者と受託者の双方が認識を合わせ、それぞれの責任を果たしながら取り組むことが肝要だ。

【地雷回避】ここがポイント!

①契約書は「ルール集」と心得る
②工程ごとに最適な契約形態を選ぶ
③関係者間で認識を合わせる
④契約と実態が合っているか点検する

(中城健佑)

【地雷ポイント④】テスト

品質を高めるため「確認の確認」も必須作業

要件定義、設計、開発、テスト、リリースの流れで進めていくウォーターフォールモデルの場合、各設計と対になる観点でテストを実施する。これをV字モデルという。

◆ フェーズごとの観点でテスト
―V字モデル―

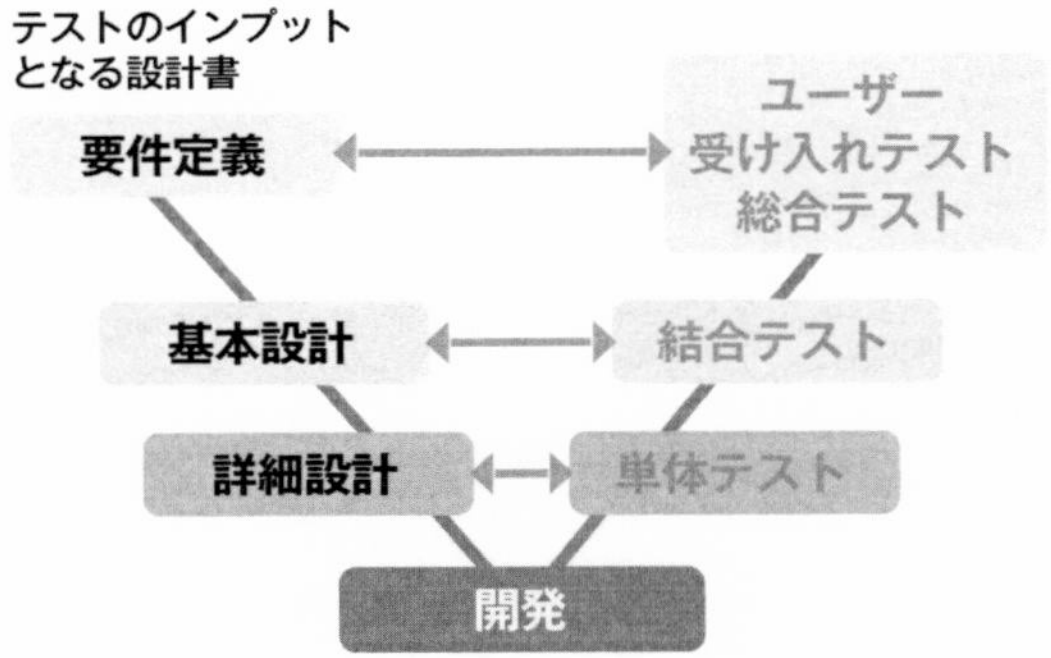

（出所）筆者作成

テストは開発に近い設計（詳細設計）から開始する。単体テストは、1つのプログラムに焦点を当て、設計したロジックどおりに稼働するか確認する。条件分岐や限界値、境界値における処理の正しさ、エラー時の動作などを確認する。

結合テストは、それら一つひとつのプログラムを結合し、合わせ技での動作を確認する。例えば入力画面の項目Aに入れた値が、変換処理を経て確認画面の項目Aエリアに変換後の値で表示されることを確認する、といった具合だ。

総合テストとユーザー受け入れテストは、要件定義の内容を確認する。2つの違いは、前者は開発者自ら実施するのに対し、後者は発注元が納品の検証として実施する点。やや重複感があるが、総合テストはシステム要件定義、ユーザー受け入れテストは業務要件定義との整合性に主眼を置く。またシステムを使わない業務を含めた確認は、発注元でないと実施が難しい。

これらのテストをクリアして、リリース（業務開始）となる。

なお、工程の呼び方は業界や企業で異なるので注意。テストの区分けが異なることもある。いずれにしても、各テストの観点を正しく理解し、正しくテストを実施することが品質確保の第一歩である。

経営層や管理職の立場なら、実際にシステムを利用する業務担当者が確認したかをチェックする。開発部門やシステムインテグレーターの確認だけでは気づけない点がどうしても発生するものだ。設計の不備が発覚することもある。

要件定義が満たせているか確認するのも大切だ。システム開発中でもバグ修正などでプログラムを修正し、再テストを実施している。その中で当初合格していた機能が動かなくなっている（デグレードという）可能性はゼロではない。

バグは必ず発生する

実施したテストの評価（分析結果）を確認することも大事だ。テスト密度やバグ密度といった指標がある。これはプログラムの規模に対し、どの程度テストを実施し、どれだけバグが出たのかを密度で表したものだ。過去の実績と比べることで品質を測ることができる。

勘違いしがちなのが「バグは出ないほうがよい」という思い込みだ。バグは必ず発生するもので、一定水準のバグ密度になっていないとテスト不足とも考えられる。

定性的な観点もある。特定の開発者に偏ってバグが発生しているのであれば、その原因の特定とフォローができているかを確認する。

システムをリリースすると業務データが入り始め、システムを修正する難易度は飛躍的に上がる。データを削除できないうえ、データの持ち方を変えるのであれば登録済みのデータを移行（変換など）する必要も出てくる。テストが最後の砦である。品質問題が発生したら、スケジュールやスコープの変更を含めて判断する必要がある。

【地雷回避】ここがポイント！

①業務担当者がシステムを確認しているか確認
②要件定義を満たしているか確認
③テスト評価は「密度」で測る

（グロリア代表・石黒直樹）

【地雷ポイント⑤】運用

「運用でカバー」に注意せよ

「運用」。さまざまな意味に取られがちだが、ここでは開発したシステムを動かし続けることと捉えてもらえばよい。

実は日本のＩＴは運用に多くのコストをかけている。日本情報システム・ユーザー協会の「企業ＩＴ動向調査報告書２０２２」によると、企業のＩＴ予算に対する、維持・運営と新しい施策展開との割合は７６対２４。つまり運用費が圧倒的に多い。では「運用」で何をしているのか。例え話でわかりやすく説明してみたい。

荷物を配送するトラックをシステム、その積み荷をデータとしてみよう。トラックの車体がハードウェア（サーバーなど）、ドライバーや車の機能がソフトウェアだ。まず、このトラックは高速道路をずっと走り続けないといけない（システムはずっと稼働し続ける）。当然車体は傷むため、故障による交換や、予防保守が必要となる。

完全に故障したときに備えて予備トラックの準備も必要だ。

大量の荷物を積み込むと、出し入れにも時間がかかる。間違った荷物が入ってきたらフォローしないといけない。不審者が侵入していないか、荷物が盗まれていないかも気にしておかないといけない。ほかのトラックとの連携も必要だ。

ライトを追加で付けたいと言われるとカスタマイズを行うし、既存の制御装置がおかしければ修正も行う。交通規制がかかればその対策を準備しなければいけない……。こうしたことが絶え間なく発生し続けているのがシステムだ。

体制整備を軽視しない

例え話でお気づきだろうか。トラックが走っている点以外は、すべて人が対応している。システムの稼働を、人が必死に支えているのだ。だから運用の体制変更や人員の減少には要注意。熟練工が突如いなくなったらどうなるか。それと同じことだ。システムの安定稼働は業務の礎である。

次に大切なのが、対応限界を超えたタスクを運用に割り当てないことだ。要件定義などの設計において、困ったときの魔法の言葉がある。それは「運用でカバー」だ。システム化せず、運用作業（直接システムを更新するなど）で対応するという意味だ。もちろん、発生の都度作業が生じる。「運用でカバー」を行えば行うほど運用部門はパンクしていく。トラブル多発待ったなし。システム化費用を削ったがゆえに損失を発生させてしまうパターンだ。ただし、何でもシステム化するのは得策ではない。基本的には費用対効果で判断していくことになる。

最後はやや毛色が違う観点を。それは「システムは使ってなんぼ」。どんなにすばらしいシステムでも、使われなければただの金食い虫だ。利用者への宣伝、啓蒙活動、教育など、経営層・管理職が実施すべきことはたくさんある。

（グロリア代表・石黒直樹）

【地雷回避】ここがポイント！

①運用は人が支えていると認識
②運用に何でも押し込まない
③システムは使わないと意味がないと認識

【地雷ポイント⑥】ＵＩ／ＵＸ設計

求められる「消費者視点」

ＵＩｓｃｏｐｅサービス創業者
プロジェクトカンパニー・平石大祐

インターネットやスマホの普及により、消費者はさまざまなサービスや製品の中から自分に合ったものを選べるようになった。そのため、「機能性」だけでは差別化が難しく、「体験」における価値を追求することが重要だ。

さまざまな解釈があるが、ここでは「ＵＸ（ユーザーエクスペリエンス）」を競合との差別化を生む〝魅力的な体験価値〟とし、その体験価値を消費者に届けるための〝使い勝手〟を「ＵＩ（ユーザーインターフェース）」とする。

近年ＤＸが進み、ＩＴサイドと事業サイドの垣根があいまいになってきたことで、文系管理職であっても「ＵＩ／ＵＸを設計する」役割を担う機会が増えている。ただ、ＵＩ／ＵＸを感覚・センスの領域と捉え、現場と対立するケースをよく目にする。ここではそうした地雷ポイントを押さえ、攻略のコツを解説していきたい。

失敗の地雷ポイントは、①そもそもＵＩ／ＵＸの考慮が足りていないケースと、②考慮しているがうまくいっていないケースの２通りに分けられる。

①考慮が足りていないケースを攻略するには、ＵＩ／ＵＸデザインの工程を理解し、チェックを行う関所を各工程に設けて仕組み化することが大切だ。

◆ UIとUXの違い

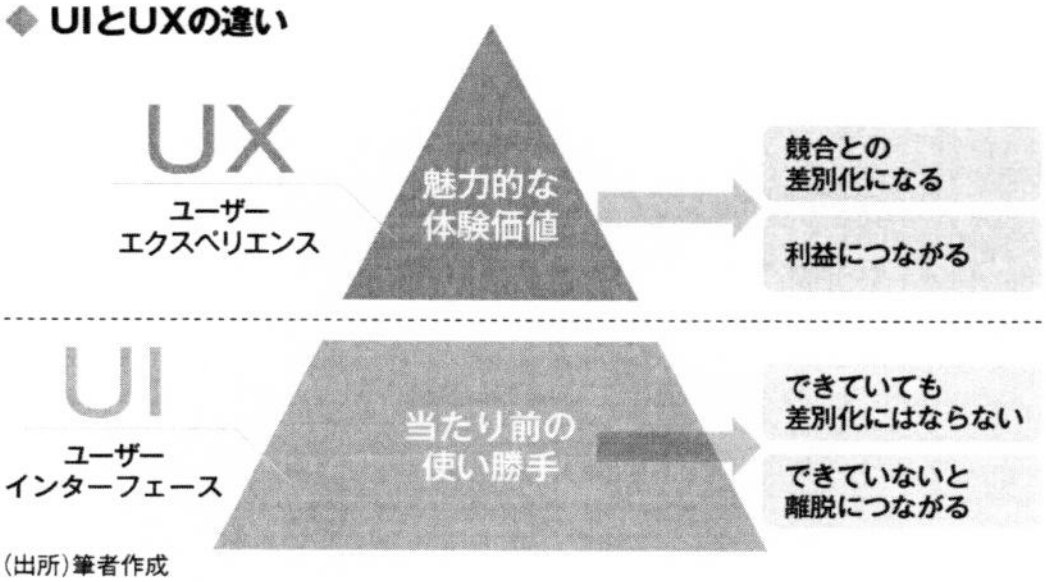

（出所）筆者作成

◆ UI／UXデザインの工程図

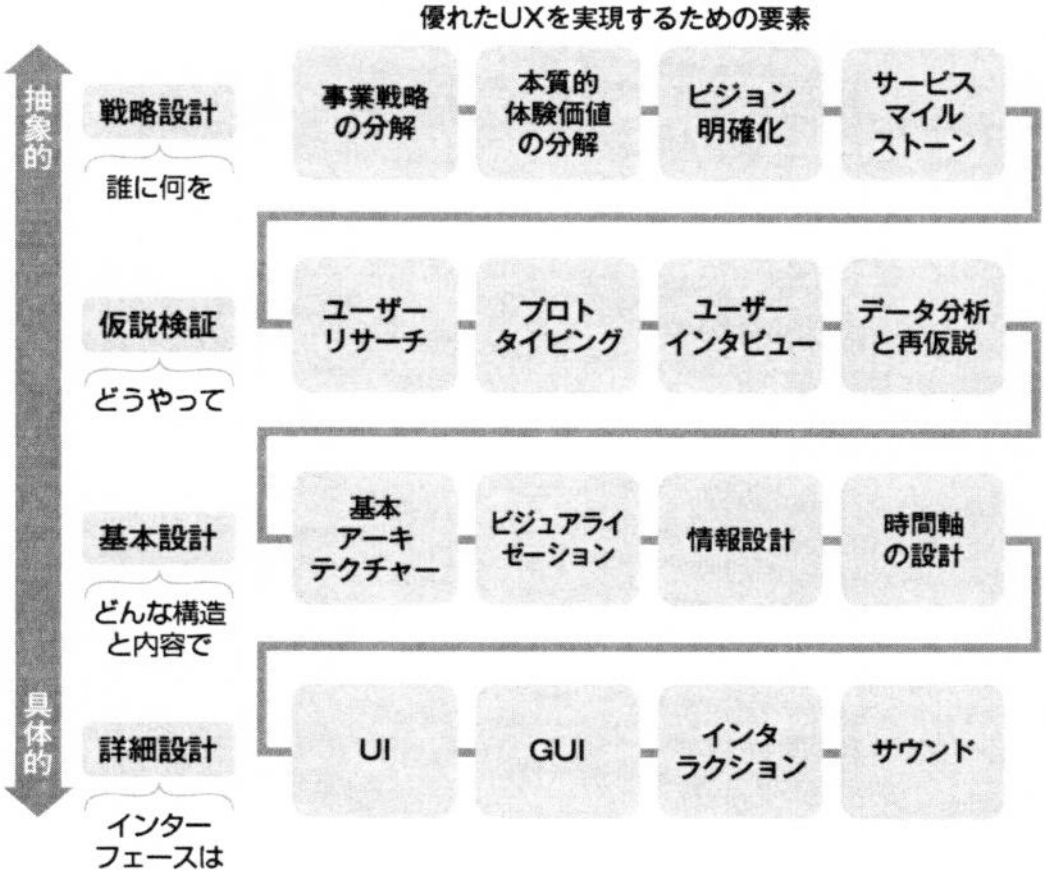

（出所）筆者作成

UI／UXの設計は、まず「誰（＝ターゲット）に何の体験価値（＝UX）を提供するか」を定義することから始まる。

例えば、若年層をターゲットとしたECサイトの提供価値（UX）を「なんだか掘り出し物がありそうなワクワク感」と定義すると、それを伝えるための使い勝手（UI）は、ドン・キホーテのような〝雑多なビジュアル〟となるかもしれない。

このようにUXから逆算して、最終的に色合いやワーディングなどのUIが設計される。そんな中、よくある地雷が、「ターゲットと提供価値が定義されていない」「定義した体験が、本当に価値があるか検証されていない」まま詳細設計まで進み、誰にも刺さらないサービスになることだ。

そんな事態を防ぐために、戦略設計の段階で、「提供価値を定義する」「プロトタイプで仮説検証する」といった関所を設け、承認されなければ基本設計に進めない仕組みをつくる。合意形成の場をつくっておけば、終盤になって「商品の品質が悪く見えるから、雑多なUIを洗練するように」といった経営層の大どんでん返しも防げる。

②考慮しているがうまくいっていないケースで地雷ポイントとなるのが、「フィードバックが、管理職の個人的な指摘」と現場に思われてしまうことだ。

正解を見いだしづらいUI／UXデザインの領域に関して、「もっと色が明るいほうがよい」「この言い回しのほうがわかりやすい」と意見を伝えても、現場が納得できず、対立してしまう可能性がある。

そこで重要なのが「消費者視点でフィードバックする」ことだ。例えば左図のように、段ボール箱の大きさを伝える際、高さや幅だけではわかりづらい。そこで「消費者は長さをセンチメートル単位で意識していない」「消費者の目的は、段ボール箱に何かを入れることだから、それをイメージさせよう」といった消費者の視点を考えることで、建設的な議論ができる。

ノウハウを明文化

もう1つ有効なのが「明文化されたノウハウからフィードバックする」ことだ。例えば申し込みフォームで、「半角／全角の指定でエラー」「必須項目漏れでエラー」といったことは誰もが経験した〝あるある事例〟だろう。それらを明文化しておくことで、個人的な意見ではなく、事例に基づいたフィードバックとして提案が受け入れられやすくなる。

たとえば、入力フォームでの離脱を防ぐ9つのポイントを例示しよう。

①半角／全角は指定しない
②ハイフンの有無はわかりやすく
③注意事項／入力例は外に出す
④必要項目をわかりやすく
⑤今の状態（ステップ／完了率）がわかるように
⑥エラーがあるときは即時フィードバックを行う
⑦エラーの場所を目立たせる
⑧エラーの理由をフィードバックする
⑨フォーム送信完了後のアクションを明記する

類似サービスをメンバーと一緒に利用し、使いづらかった点やよかった点の洗い出しを行うことで簡単に事例集は作成できる。
今後、スマホに代わるデバイスが出現したり、革新的な技術が生まれたりして、製品・サービスの環境は目まぐるしく変わっていくだろう。一方で、消費者が〝ヒト〟であることは変わらない。消費者視点での設計・フィードバックを意識することが、優れたUI／UXを継続的に提供するカギになる。

【地雷回避】ここがポイント！

①UI／UXのチェックを行う関所を設けて仕組み化
②消費者視点でフィードバックする
③明文化されたノウハウからフィードバックする

平石大祐（ひらいし・だいすけ）
1989年生まれ。大学卒業と同時に会社設立、リモートでユーザーテストが行える「UIscope」開発。2018年経営統合に伴い現職。著書に『UI／UXデザインの原則』。

【地雷ポイント⑦】デザイン

カギは「密なコミュニケーション」

ライズサーチ代表・内田奈津子

ＤＸやシステム開発プロジェクトを進めるうえで成否を分けるものの１つが「デザイン」だ。Ｗｅｂのトップページや入力画面など、システムの顔ともいえる部分だが、なぜ重要なのか？

「問題解決」が本来の役割

米アップルの創業者スティーブ・ジョブズは、「デザインとは、見た目ではなく、そのモノがどう機能するのかだ」と語っていた。つまり見た目の美しさやデザイン性は

1つの側面にすぎず、本来の役割は「機能性」や「問題解決」だ。どんなに美しくても機能性の低いデザインは、デザインとして優れているとはいえないのだ。

デザインはアートではない。それを多くの人が混同し、誤った認識を持っている。アートが自己表現であるならば、デザインは問題解決だ。DXやシステム開発を進める際に、その問題解決のためにどう発注するか、デザイナーとどうコミュニケーションを取るかがプロジェクトの成功につながる。


では具体的にどのようにすればよいか?

まず意識してほしいのは、発注時点ではデザイナーの視点と発注者の視点はまったく異なっているということだ。この事実を認識し、コミュニケーションによって同じ目標に向かっていく。

初期段階でプロジェクトの目的や目標を発注者側も明確に言語化し、共有することが重要だ。目標や目的があいまいなままデザイン作業に入るのは、目的地を決めずに登山するようなものだ。

目的・目標の共有はあくまでもスタートラインであり、画面の仕様など必要な共有事項は多くある。どのような情報が必要かは、発注するデザイナーによっても異なるため、小まめなコミュニケーションを取りながら進めていく。

こうしたコミュニケーションで得た結果は、担当者とデザイナーだけではなく、プロジェクトに関わる社内外の人とも共有する。その作業を怠ったことで後から問題が起きるケースがあるからだ。

繰り返しになるが、デザイン発注をうまく進めるために最も重要なことは、シンプルな策だが、コミュニケーションを密に取ること。「言わなくてもこれくらいはわかるだろう」という甘い認識を捨て、考えていること、感じていることをすべて言語化してちょうどいいくらいだと思ってほしい。

デザインとアートは違うものと伝えたが、デザインにアート的な要素がまったくないわけではない。デザイナーはＡＩのように機械的に仕事をするわけではないので、同じ発注内容でもデザインの仕上がりは十人十色だ。

また、発注者が使う言葉一つでデザインは変化し、デザイナーがどのようにその言葉を受け取るかでもデザインは変わる。そのため言葉だけではなく、視覚的な要素も加えながら行うといい。「青」と言ってもイメージする色は人によって違う。イメージする色があるなら「Ｗｅｂ色見本」などを使って共有するのがベストだ。

さらに「デザイナーのタイプ」についても留意しておきたい。たとえば、

〔美的優先デザイナー〕
デザインがアートに近いデザイナー。最終目標がブランディングの確立などの場合はこのタイプが最強
〔ビジネス脳デザイナー〕
マーケティングなどを意識するデザイナー。売り上げや集客の数値目標を達成したいときはこのタイプと仕事をすると心強い
〔オペレータータイプデザイナー〕
基本、言われたとおりにデザインするデザイナー。ある程度大枠が決まっていて逆に提案などは不要、短期間で制作してほしい場合に依頼するとスムーズ

などが主なタイプの例だ。彼らの強みや特徴を理解することでよりデザイン発注を成功に近づけることが可能だ。

そもそもデザイナーは自分で名乗ればなれる世界。大学のデザイン学科出身者もいれば、独学した人もいる。そのため考え方や進め方が統一されていない。作業範囲の捉え方もデザイナーによって異なる。発注価格だけで決定するのではなく、自社がデザイナーに求めることをまとめたうえで、発注先を検討する必要があるだろう。そしてもし大きなプロジェクトなら、クラウドソーシングで個人に頼むより、チームで動くデザイン会社に依頼するほうが安心だ。

コンセプトを基に判断

私が見てきたさまざまな案件の中で、最終的によい結果に至らなかった事例から、発注時に気をつけたいポイントを紹介したい。

目的・目標を伝え切れていないのは改めて言うまでもない。それ以外で多いのが、個人の好みをデザインに盛り込もうとして失敗するケースだ。個人的な年賀状や名刺ならともかく、企業のプロジェクトに個人の好みが入るのは絶対にやってはいけない。「そんな人いるの？」と思われるかもしれないがかなり多い。さらに本人には自覚がないケースがほとんどだ。

デザインを判断する際は、目的・目標、会社で決めているトーンやコンセプトを基に考えなくてはいけない。担当者とデザイナーの間で問題なく仕事を進めていたのに、最終決裁者の役員が、自分の好みですべて修正し、残念な結果になったという話はよく聞く。

デザインには機能性を実現するためのセオリーがある。例えばテキストを読みやすくするためにはそれに適したフォントサイズや行間などを意識している。

直感的に与えたい印象に合わせて色の組み合わせを決定することもある。目的・目標を達成するため、狙った効果を得るために、小さなセオリーを積み重ねてデザインされているということを理解してほしい。デザインの細部に注文をつけるのではなく、あくまでも目的・目標を考えたうえで、そのデザインが適切か議論してほしい。

次にありがちなのがデザイナーに丸投げしてしまうケースだ。「いい感じにしてください」「お任せします」という言葉は聞こえはいいが、このような発注をする人に限ってデザインが一からやり直しになるケースが多い。無責任な発注は、決していいデザインに仕上がることはない。もし、丸投げで任せるのなら、どんなデザインが仕上がったとしてもそれで進めるくらいの覚悟で行ってほしい。

最後に挙げるのが納期だ。納期が短すぎる案件はデザインする時間が足りないというだけではなくコミュニケーション不足にも陥る。その結果、修正が多発し、逆に余計な工数が増える。ゆとりを持ったスケジュールで臨みたい。

デザインが仕上がった際に「思っていたのと違う」と感じることがあるかもしれない。デザインの良しあしを感情や感覚で議論すると泥沼化する。ビジネスのプロジェクトにおいて絶対に避けなくてはいけない状況だ。

デザインの評価をどのように行っていくべきかについてだが、デザインの良しあしは目的・目標へのルートが的確であるか?という観点で判断をする。

修正が必要だと考える箇所については、どんな理由でそのデザインになっているか尋ね、その回答を基に議論を進める。利用者、ターゲットなどの視点から見て、掲げている目的・目標から外れていないか議論をしていけば、必要な解決策が見つかるはずだ。
また、プロダクトをリリースした後に、アクセス数や登録数といった基準の数字を見ながら、結果が出せているかを評価し、達成していない場合は改めて改善案を提示してもらうなど、ＰＤＣＡを回していくことも重要だ。

【地雷回避】ここがポイント！

①個人の好き嫌いを発注に盛り込まない
②「いい感じで」「お任せで」とデザイナーに丸投げしない
③無理な納期を設定しない

内田奈津子（うちだ・なつこ）
声楽業と並行し、フリーランスでＷｅｂデザインの仕事を開始。２００７年ライズサーチ社を設立し、「演奏会のチラシ屋さん」を立ち上げる。著書に『デザインよろしく』。

非IT社員でも開発できる「現場主導」のDXを後押し

LIXIL（リクシル）のトイレ製造拠点である知多工場（愛知県知多市）。従業員たちが見つめる画面には、完成した便器について出荷前にチェックすべき箇所が示されている。以前は長年の経験が物を言う難しい作業だったが、今はこの画面を見れば一目瞭然。若手でもいちいち仕様書を確認することなく、容易に確認箇所を把握できるようになった。

このシステムはグーグルの提供するノーコード開発ツール・アップシート（AppSheet）を駆使し、現場主導でつくり上げられたものだ。各現場の社員が自ら業務内容を見直し、自律的にデジタル化を図っていく――。そんな「デジタルの民主化」を社内で強力に後押ししているのが、全社的に活用しているノーコードだ。

ノーコードとは、ソースコード（プログラミング言語で書かれた文字列）の記入をしなくてもアプリやＷｅｂサービスをつくれる開発手法のこと。パワーポイントや年賀状作成ソフトのような使用感で、テンプレートやパーツを選んで組み合わせるだけでアプリが完成してしまうものもある。こうしたツールの提供企業が世界中で増えてきたこともあり、非ＩＴ人材にとってのＤＸの救世主として、近年注目度を高めている。

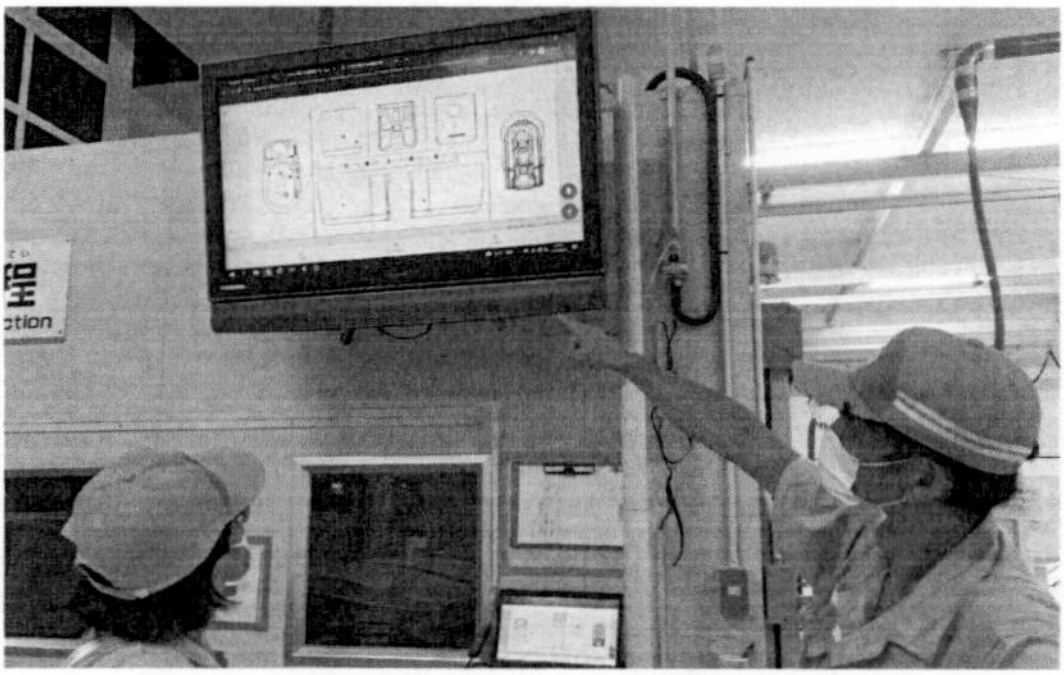

リクシルのトイレ製造拠点である知多工場に設置されているモニター。完成品の品質管理業務を効率化するアプリは、ノーコードで作成されている

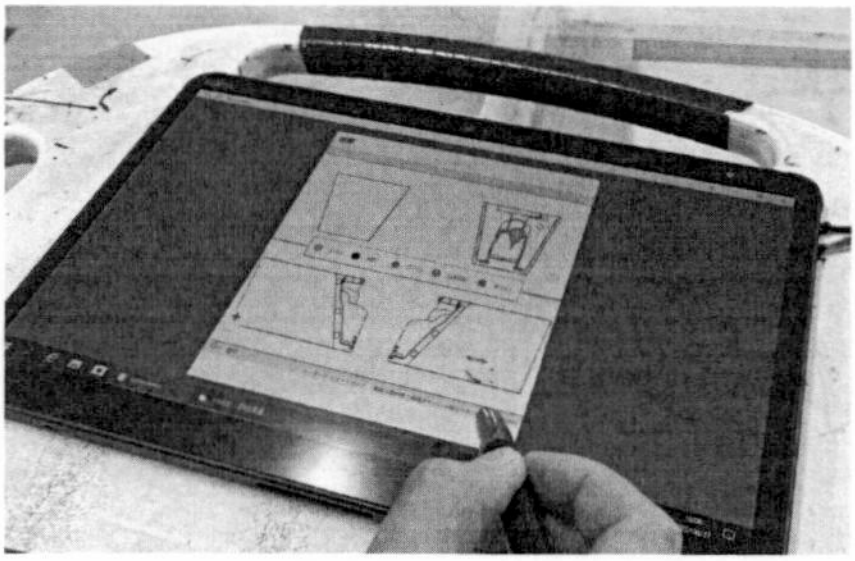

グーグルのアップシートを用いてリクシル社内で開発されたアプリは約2万8000個に上る。現在は社内チェックを経た約1400個のアプリが本稼働中だ

まずは全役員が挑戦

リクシルでは、アップシートの活用を促進する全社的な取り組みを2021年10月に開始。直近23年1月までに約5000人の社員が参画し、約2万8000個のアプリが誕生している。

全社展開の直前にはまず、全役員がノーコードによるアプリ開発に挑んだ。「(最新のデジタル技術に) 及び腰になりがちな役員から変えなければと思った」。ノーコード普及の旗振り役である岩崎磨・デジタル部門システム開発運用統括部リーダーは、そう振り返る。

文系出身・営業畑一筋といったキャリアの役員は、「自分でアプリをつくってください」との指示に、最初は面食らっていたという。だがそんな役員の一人が、社内研修や個人での試行錯誤を経て、最終的には営業車の運行状況を検索できるアプリを自ら完成させた。

「私にもできた」。この役員の喜びの声は、リクシルが設置しているノーコードのC

oE（Center of Excellence：取り組み推進の中核となるチーム）によって広く社内に発信された。このことが、非IT系社員の挑戦意欲をかき立てたという。「社内SNSを通じて、優れたアプリの事例をシェアしたことも刺激になった」（CoEの一員であるデジタル部門基幹システム統括部の稲木柚香さん）。

大量につくられたアプリはその後、セキュリティーやガバナンス面などのチェックを経て、現在1400個ほどが本稼働している。先に挙げたもの以外にも新型コロナワクチンの職域接種予約アプリなど、業務効率化に大いに貢献するものが数多く生まれた。

あまたあるノーコードツールの中からリクシルがアップシートを選んだ理由はいくつかある。まずは操作や使い勝手がシンプルな点だ。テンプレートやサンプルも豊富で、実際に社内の文系社員からは「違和感なく使えた」との声が多く届いたという。

CoEメンバーで営業部門に所属する網代義治さんも、アプリ開発に取り組んだ文系社員の一人。手を動かしてみると、やはりそれほどハードルを感じなかった。「自分の現場の業務効率化をイメージして、顧客データ管理、出荷明細、各種申請ワークフローなどのアプリをつくった」と胸を張る。

今ではＣｏＥを直接介さずとも、開発方法について質問したい人と回答できる人が社内ＳＮＳ上でつながったり、親和性の高いアプリ同士をつなぎ合わせる試みが生まれたりと、事業部間の自発的なコラボレーションが拡大している。

原木市の入札をアプリ化

熊本県の山間部、九州随一の品質と呼び声が高い銘木「小国杉」で知られる小国町森林組合。一見、ＤＸとは縁遠そうなここでも、ノーコードが威力を発揮している。

組合では、小国杉の販売を行う原木市を年間２５回実施・運営する。毎回、製材所や木材店などの買い付け担当者約３０人が参加し、落札された銘木が全国に出荷される。従来、原木市の競りでは購入希望金額を紙の入札票に記入して競り人（組合職員）に渡し、最高値だった落札者が口頭で呼び出される方式を取っていた。

ただ、このようなアナログ方式では毎回1000枚もの入札票を準備・配付・回収するなど、手間が膨大だ。原木市終了後に落札額を事務所のパソコンに手作業で入力するという非効率な面もあった。手書きなので、0と6を読み違えるなど入力ミスも起こっていた。

これをどうにかできないか。そんな課題を感じていた北里栄敏・組合長はあるとき、小国町役場が災害時の被災状況報告アプリや選挙時の投票者数報告アプリをノーコードでつくっていると知った。使用されていたのは、アステリアのノーコードツール・プラティオ（Platio）だ。

早速、組合でも試してみた。「プログラミングをしなくてもパーツを組み合わせる感覚で作成でき、テスト版は数日でアップできてしまった」（北里組合長）。

電子入札アプリでは、買い付け業者が入札時にスマホのアプリに希望額を入力・送信すると、組合職員のスマホから入札情報がリアルタイムで確認できる。入札価格の自動ソート機能により最高値の確認や落札者判定が効率化された。参加者が入力したデータはすべて自動でクラウドに保存されるため、手作業の入力も要らない。

実際にアプリ開発を担当した組合職員の梅木孝浩さんは、プログラミング知識ゼロの非IT人材だ。それでも前述のとおり、テスト版アプリはすぐに完成させられた。

ただ、「そこから本稼働までは6カ月を費やし、使い勝手向上に注力した」（梅木さん）。そもそも原木市の参加者には高齢者が多い。スマホは持っていても、細かい機能まで使いこなしている人は少ない。「例えば画面をスワイプしなくて済むよう、必要な情報と入力項目を画面上部に集中させるなどの工夫を重ねた。組合内では『こんな機能もつけたらどうか』というアイデアがいろいろと挙がったが、あくまでユーザー第一で機能を増やさず、とにかくシンプルにすることを心がけた」（梅木さん）。

一方で運用面に関しては、不正防止のため、入力を間違った際には事務局に申し出て訂正してもらうなど、アナログ入札とは異なるルール作りも徹底した。

データがたまれば、需要の高い原木のサイズや性質に関するトレンド分析も容易になるという。それらを伐採現場や山主へフィードバックすることもできるだろう。まだ実現はしていないが、いずれは業務効率化だけでなく売り上げ拡大に資するアプリに発展するかもしれない。「さらに将来的には、製材所のトラック配車、伐採作業員の日報作成などのデジタル化にも挑戦したい」（梅木さん）。

「点火ツール」の役割

プラティオでは「顧客対応記録」「工場日報」「キャンペーン管理」など100以上のテンプレートが用意されており、つくりたいアプリのイメージに合うものをそこから選ぶだけでプログラミングなしに業務用アプリを作成できる。顧客がつくったアプリをプラティオ本体のアプリの中で起動させる「アプリ内アプリ」の仕組みを取っているため、グーグルやアップルによる個別の審査も不要で、すぐに運用できるのが特長だ。

サービスを開始したのは、「ノーコード」というフレーズが世に出回っていなかった2017年。その手軽さゆえ、年々じわじわと顧客数を積み上げていったが、大きく飛躍するきっかけとなったのはコロナ禍だ。リモートワークが当たり前になり、今までアナログだった業務をデジタル化したいというニーズが爆発したのだ。

経営環境や現場のニーズが目まぐるしく変化する中、開発ベンダーなどに頼まずとも気軽にトライ&エラーできる点も受けた。

「アプリを導入すると、この工程も効率化できるのでは?という具合に、新たな問題点を見いだすきっかけにもなる。業務改善全般につながるイグニッション(点火)ツールとしての役割もある」。プラティオを手がけるアステリアの平野洋一郎社長はそう話す。

プラティオには大企業による活用事例も多い。京セラは全国の物流倉庫で行っていた紙ベースでの在庫棚卸し作業を、プラティオを用いてデジタル化した。とある拠点に勤務する新入社員から「棚卸し用のアプリをつくれないか」という提案があったのがきっかけだったという。1日足らずで作成されたアプリは使い勝手のよさが社内で評判となり、同社の全国の物流拠点へと活用が広がった。

ベテランから若手への技術伝承の手段として導入しているケースもある。地域の電気通信設備の構築や管理、保守を行うＮＴＴ東日本茨城支店では、長年現場を担当してきたベテランたちが高齢化し、若手社員へのノウハウ継承が急務になっていた。そこで、施工内容をその場で記録・報告できるアプリをプラティオで作成。記憶が曖昧になる前に情報を入力できるのに加え、写真も蓄積可能。現場から事務所に戻ってパワーポイントで資料を作成していた頃に比べ、年間約１０００時間分の業務を削減しつつ、難しい施工案件におけるベテランのノウハウを効率的に共有できるようになった。

ＤＸ成功のカギについて平野社長は、「まず小さな改善からスタートすることだ」と指摘する。「全社的なＤＸ推進に乗り出すとなると、コンサルティング企業が入って大きな絵を描き、結果として無駄に巨大なプロジェクトとなりがち。そのためか、肝心の現場が取り残されているケースが多い」という。ボトムアップ型のＤＸ成功へのカギは、ノーコードという新しい武器が握っていそうだ。

（加藤光彦）

INTERVIEW

「具現化する体験にこそ意味がある」

LIXIL 常務役員 システム開発運用統括部リーダー・岩崎 磨

LIXIL（リクシル）でノーコードの普及を主導した岩崎磨氏。その狙いや勘所について聞いた。

【岩崎】 以前から常々、よりアジャイル（機敏）で起業家精神にあふれた企業になるための取り組みを各部門で行ってきた。ただ、成長を支えてきた新規住宅着工数が将来的に頭打ちになることは確実で、大きな変革を試みなければ今後の成長はおぼつかない。

変革へのキーワードの1つがDXだが、単にデジタルを導入するだけでは意味がない。社員一人ひとりが自分で考え自分で行動する、経営者的な視点で自らの業務を見直しスピード感を持って改善していくための手段として、デジタルを活用することが重要だ。

CEOの瀬戸欣哉は風通しのいい社内風土づくりに熱心だ。そういう背景もあり、まずはデジタル導入に及び腰になりがちな経営層にこそ専門知識の不要なノーコードによるアプリ開発に挑戦してもらいたいと思い、彼らへの働きかけから始めた。

ツールとしてグーグルのアップシート（AppSheet）を選んだ理由はいくつかあるが、その1つにはマニュアルが英語のみということもある。最初は英語に戸惑う社員も多かった。ただ、当社グループ全従業員5万5000人のうち、半数以上は外国籍。日本でしか通用しない開発ツールでは役に立たない。実際使ってみると、言語の壁より自分がどんなアプリをつくりたいか具体的なイメージを膨らませられるかがノーコード活用には重要なのだと感じた。社員のグローバル意識の向上にも一役買ったと思う。

ノーコードで作成したアプリは、すべてをこの先ずっと業務で使っていくというより、今改善すべき業務の課題を把握し、解決策を機敏に具現化してみるプロセスを体験できることに価値がある。システム化して恒久的に使うべきものはローコードやコードも活用してしっかりつくり込んでいく、というすみ分けをすることも大切だ。

乱立を避けるため、社内でのアプリ開発は制限したほうがいいと思う人もいるかもしれないが、それは違う。むしろ社員のやる気をそぐリスクのほうが大きいし、最終的には責任部署が重複をコントロールすればいい。実際、当社グループでは今も、毎週10~15個の新アプリが稼働入りしている。将来的に各現場が保有するビッグデータも駆使し、さらなる「デジタルの民主化」に取り組みたい。

岩崎　磨（いわさき・おさむ）
複数のベンチャーを経験後、楽天、リクルートなどで情報システム部長やインフラエンジニアを務める。2018年にLIXIL入社。21年から現職。

〝魔法の道具〟ではない

失敗しないノーコード開発・導入の必須知識

NoCodeCamp代表・宮崎　翼

ここ数年でかなり浸透してきた感のあるノーコードだが、実際に導入している企業（とくに中小企業）はまだ限られている。IT関連の市場分析を行っているノークリサーチの調査によれば、年商500億円以下の中堅・中小企業において、ノーコード・ローコード関連サービスを導入済みの会社はわずか1割。導入予定の会社を含めても3割にしかならず、後は「予定なし」「判断不可」「知らない」との回答だった。

導入したらしたで、当初の想定どおりにはいかない部分も出てくる。同じ調査ではノーコード・ローコードツールの課題についても聞いており、導入済み企業の3割以上が「開発ツール固有のスキルが必要になる」「複雑な処理にはプログラムが必要になる」「実現できる機能や性能に制限がある」ことを挙げている。自分たちの実現したいDXとノーコードツールの相性がいいかどうか、事前に検証・判断することも必要なのだ。

◆ **本格的な普及はまだこれから**
—中堅・中小企業におけるノーコード・ローコード開発ツールの導入状況—

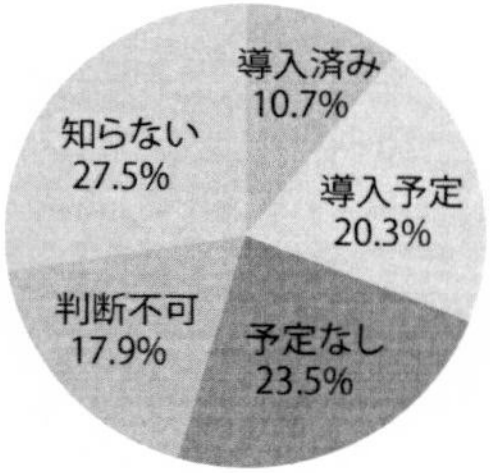

◆ **使って初めて実感する課題も**
—ノーコード・ローコード開発ツールの課題（複数回答可）—

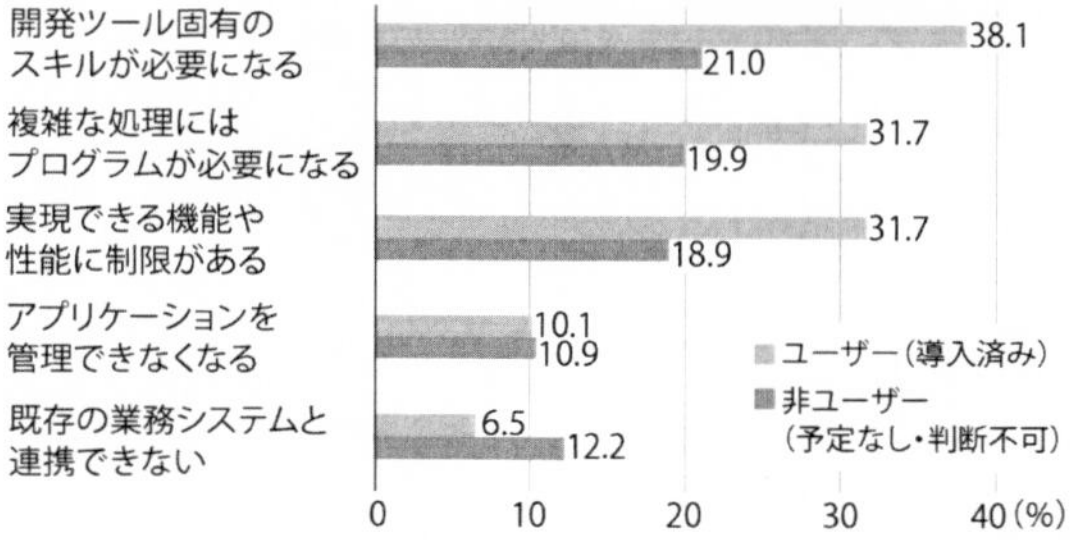

（出所）上下ともノークリサーチ「2022年版 中堅・中小企業におけるRPAおよびノーコード/ローコード開発ツールの活用実態レポート」

「現場置き去り」で失敗

従来型のシステム開発に比べ格段にたやすく、柔軟な開発を行えるのがノーコードのメリットだが、誰でも使いこなせる〝魔法の道具〟というわけではない。開発・作成の過程にはやはり「地雷」が存在する。思ったとおりのものができない、完成したものの誰も使ってくれない、といった悲劇を起こさないためには、最低限の知識とフレームワークを押さえたい。

失敗の原因としてまず挙げられるのは、現場が置き去りになることだ。企画や開発の初期段階では「最小限のことだけ実装しよう」と思っていても、システムがある程度できてくると「せっかくならあれもこれも」という気持ちが膨らむことはよくある。どんな開発手法にも共通する課題だが、柔軟に改変できてしまうノーコードはとくに注意。管理者主導でつくっている場合には、無駄に高機能で現場が使いこなせないツールになっていないか気をつけたい。

こうした事態を避けるためには、従業員のリテラシーやスキルに合わせてツールを選ぶこと、そして現場の意見を聞きながら必要項目を把握することが肝心だ。ノーコードツールを提供する側の企業にも、この点に敏感なプレーヤーはいる。例えば業務効率化システムを作成できるキントーン（kintone）の提供企業・サイボウズは、客先に対し個別具体的なアドバイスやフォローを行うための「伴走パートナー」というプロ人材を抱えている。サービスの使い方だけでなく、事業戦略に沿ったDXのあり方から一緒に考えてくれるといい、自社だけで進めることに不安がある場合はこうした仕組みを頼るのも一手だろう。

では、他人の手を借りず自社で進めるためにはどうすればいいのか。「現場に話を聞く」というのは、一見シンプルだが意外と厄介な作業だ。いざ対話を始めてみると、「先行事例はある？」や「詳細な説明資料を作ってほしい」など、思わぬところからさまざまな質問や意見が寄せられ、混乱してしまうこともしばしばある。

その場合の最適な手段として提案したいのは、現場で使えるツールを「いきなりつくって持っていく」ことだ。一昔前なら「そんなの無理」と思ったかもしれない。だが、まさにこういうシチュエーションにおいて、実装自体を簡単に行えるノーコードツールが役に立つだろう。もし難しければ、グーグルフォームやマイクロソフトフォームズなどのアンケート機能で代用してもいい。

現場の人間からすれば、綿密に作り込まれた提案書や企画書より、ごく簡単なものでもたたき台を見せられたほうが、自身の業務と照らし合わせながら具体的なフィードバックを行いやすいのだ。

どれくらい簡単でいいかというと、チェックシート表のたたき台として制作した画面は「従業員」、「部品サイズ」、「修正コメント」とこれだけ。たたき台を提示しながら、導入現場の社員から「これが足りない」と引き出していく。これは当社が2022年、えひめ東予産業創造センターの工場の生産性向上アプリを開発支援した案件で、実際に使用したものである。製造工程において紙のチェックシートで行ってきた品質確認をアプリで行えるようにすべく、学生を交えた10日間のインターンシップで実際に作成してみるというプログラムだった。

限られた時間内だったため、細かな想定をする余裕はない。先方の製造工程を一通り確認した後、業務システム作成に定評のあるノーコードツール・エアテーブル（Airtable）を用い、簡単なアプリ実装を数時間で行った。従業員名、部品サイズなどを入れるだけのフォームであるため、拍子抜けするかもしれない。が、これを基に従業員に「今後は紙の代わりにこれを使って情報登録してほしいのですが、項目は足りていますか？」と聞くと、実際に多くの具体的な提案が寄せられた。

デジタルに不慣れな現場でも、業務を効率化できること自体はうれしいはず。たたき台があれば、デザインや機能にかかわらず「ここが足りない」という会話がおのずと発展していくだろう。

気をつけたいのは、現場の「外」から飛んでくる意見への対応だ。有意義に聞こえるアドバイスもあるかもしれないが、あくまで手を広げず、まずは直接その業務に関わっている現場の意見だけを聞くようにしたい。最初から100％を目指さず、びっくりするくらいハードルの低いところから始めるのが成功の秘訣だ。

この「いきなりつくって持っていく」作戦は効果的だが、つくる前段階の議論からしっかり詰めていく手法がNGというわけではない。実現したいことが多少複雑になりそうな場合、あるいは関係者が多い場合などは、下準備となる議論を深めておくのも重要だ。

まず目的を明確にする

ここからは、その理想的な手順について紹介したい。ノーコードツールによる開発・導入に限らず、従来型のシステム開発などにも生かせるフレームワークだ。スタート地点は「①目的を明確にする」ことだ。ＩＴ導入で何を成し遂げたいのか、いちばん期待する効果は何か、目的としてはっきり掲げておきたい。

例えば「売り上げを上げるため」と「コストを下げるため」とでは、必要なアプローチが異なる。目的を決めるなんて当たり前と思うかもしれないが、きちんと固められていない事例が多いからこそ、前述したような、開発途中における「あれもこれも」が多発しているともいえる。

目的が決まったら、次に必要なのは「②出力のイメージを明確にする」こと。目的を達成するために、最終的にどんなデータや成果物として出力されるのが理想か。できる・できないはいったん抜きにして、まずは形にしてみよう。

この工程は難しそうと感じるかもしれないが、これまで多くの案件を見てきた経験を踏まえると、そうでもない。というのも、ほとんどの職場・現場には1人か2人、普段から課題意識とその解決に向けたアイデアを温めている人が存在する。彼らを巻き込み、具体的な出力のイメージをペラ1枚などで表現していくことが重要だ。

例えば在庫管理システムならプロダクトＩＤや商品画像、単価、合計発注額、商品名などが記載されている画面イメージをつくり、これをどこでどのように見られるようにしたいかはっきりさせてみよう。

デザイン系のノーコードツールであるミロ（Miro）やフィグマ（Figma）を活用してみるもよし。単純なデータの自動出力をしたいだけなら、エクセルなどで「ここの数字とここの数字を自動で出せるとうれしい」という具合に表現するのでも十分だろう。何なら手書きでも構わない。

これに続く段階は「③入力できる情報には何があるかを洗い出す」こと。現時点で、出力に役立ちそうなデータが社内にあるはずだ。きれいなデータの形になっていなくとも、例えば注文票や、顧客から受け付けた電話・ファクスの内容などが考えられる。中小企業の場合はアナログな方法で管理していることも多いため、ここではそれらをアナログからデジタルに切り替えることを前提に、関係者と対話していきたい。

次に行うべきは「④入力から出力に変換するために必要な計算やデータ修正を洗い出す」ことだ。抽象的な説明では少々わかりにくいため、当社で実際に導入支援を行った事例で考えてみたい。

兵庫県にあるのりの卸販売企業・光海では、毎日数十件の注文を受け付けている。これに伴い、請求書の発行や在庫数の管理といった作業が発生するが、それらは従業員が入力した受注データを基にシステムが自動計算・出力してくれる体制を構築している。

ここでシステムに行ってもらっている計算・修正を洗い出すと、「毎日の受注データを入力（ここは人間）→受注額などを月ごとに合計→請求書フォーマットへ変換→現在庫の推移に反映」ということになる。ここまでブレークダウンできると、何をどうつくればいいかの解像度が上がってくる。

とはいえ、最初に想定した入力・計算・加工ですべてうまくいくとは限らない。そこで「⑤出力の質は目的を満たすものかを検証する」段階を踏まなければならない。

多くの場合一度の検証では不十分で、入力データの不足や、計算式の不備が発覚し、新しくつくり直す必要が出てくるもの。このサイクルを回すことで、真に目的にかなうシステムが仕上がる。

最適ツールをどう選ぶ？

あまたあるノーコードツールの中からどう最適なものを選べばいいか？というのもよくある質問だ。まず、「予算管理」「勤怠管理」「ECサイト作成」「アプリケーション作成」など、行いたい動作の名称や概念がはっきりわかるなら、そのキーワードに「ノーコード」を足して検索してみよう。最近認知が拡大しているAIチャットサービスの「ＣｈａｔＧＰＴ」に「○○をしたいのでお薦めのノーコードツールを教えて」

と聞いてみるのもいい。使えそうなツールを探してきてくれる（ただし根拠が薄い場合もあるので、あくまで参考情報として扱いたい）。

次に、似たサービスが複数ある際にどう選定を行うべきか、だ。実際、ジャンルによっては類似サービスがかなりの数存在する場合もあり、ここで悩む人は多い。

ツールを選ぶ基準として挙げられるのは、機能性、難易度、価格、提供企業の規模や所在地（海外製のサービスは日本語での使用に対応していない場合が多い）などだろう。ここでもう1つ挙げたいのは、連携できるサービスの多さだ。連携先が多いと、導入後にそれらの外部機能をボタン1つで追加できるため、拡張性が高いうえ自分で開発する手間も省ける。

まったく同じ機能で、どちらも連携先が充実しており甲乙つけがたいという場合には、そのツールのコミュニティーをチェックしてみるのもいい。どんなツールにも大体、利用者同士が情報交換や学び合いを行っているコミュニティーがネット上に存在する。構成メンバーがより多かったり、活発な議論が行われていたりするほうを選ぶ、という手だ。

ノーコードは各サービスの公式サイトや書籍を用いて勉強することもできるが、とにかくアップデートの早い世界である。新設された機能の使い方がわからないなど困り事が発生した際、強力なコミュニティーは頼れる先になる。

リスクにも気を配る

最後に少し視野を広げて、より大きなチームや全社でノーコード活用を加速させたい場合の心得についても触れておきたい。

ＩＴ・通信分野の調査・分析やアドバイザリーサービスを手がけるＩＤＣ Ｊａｐａｎは、ノーコード・ローコードの活用を加速したい企業に対し、ＣｏＥ（Center of Excellence：取り組み推進の中核となるチームや仕組み）の設置を提唱している。開発支援や教育・トレーニング、グッドケースについての情報共有など〝攻め〟の要素ももちろんあるが、承認フローの構築や脆弱性のモニタリングといった〝守り〟の面を拡充する必要性も指摘している。

◆ 全社的により深く活用するためには
―ノーコード・ローコードCoE（Center of Excellence）の役割―

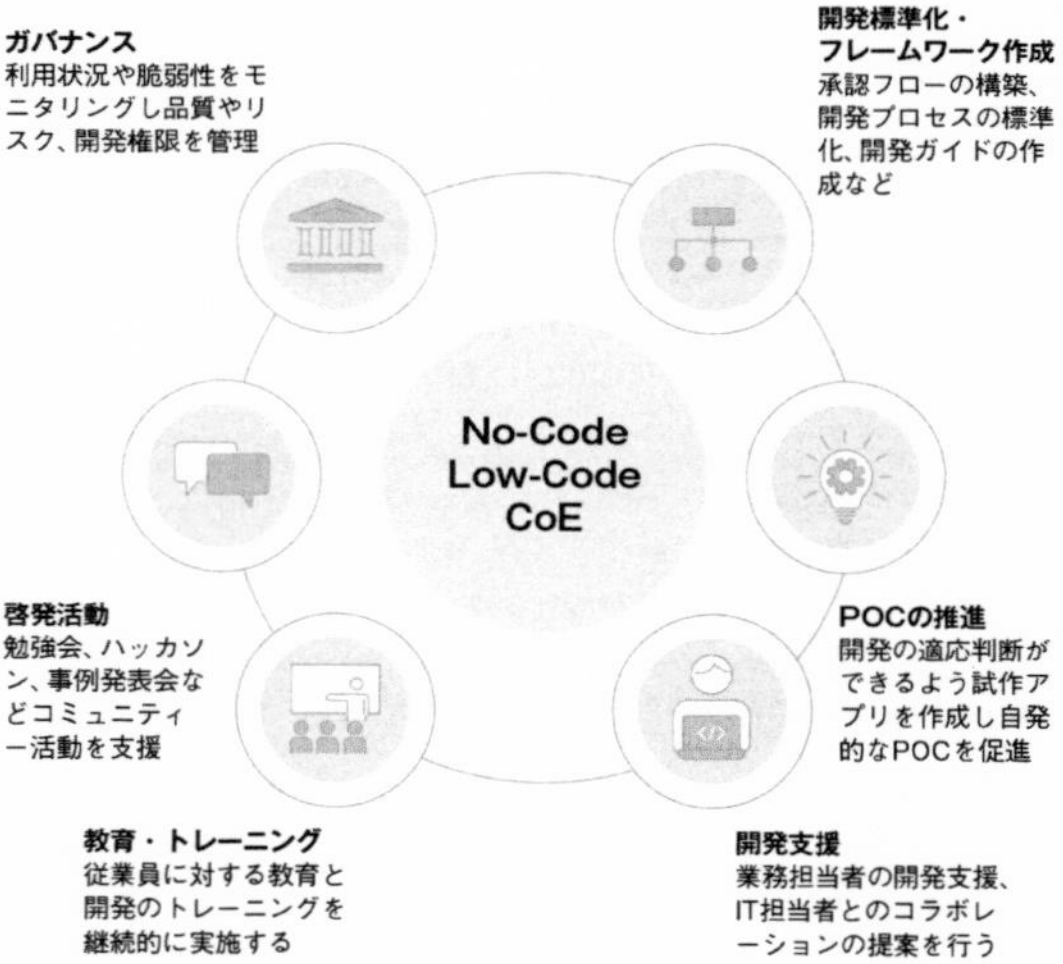
ガバナンス
利用状況や脆弱性をモニタリングし品質やリスク、開発権限を管理
開発標準化・フレームワーク作成
承認フローの構築、開発プロセスの標準化、開発ガイドの作成など
No-Code
Low-Code
CoE
啓発活動
勉強会、ハッカソン、事例発表会などコミュニティー活動を支援
POCの推進
開発の適応判断ができるよう試作アプリを作成し自発的なPOCを促進
教育・トレーニング
従業員に対する教育と開発のトレーニングを継続的に実施する
開発支援
業務担当者の開発支援、IT担当者とのコラボレーションの提案を行う

（出所）IDC Japan

手軽に開発・導入できることはノーコードの大きなメリットだが、会社の重要な資産であるデータを取り扱う場合もある以上、全社的に展開を広げたいのならなおさら、無法地帯とならないように気を配る必要もある。逆に土台となるルールがしっかりしていれば、情報システム部門以外の非ＩＴ系社員でも、安心して自ら開発にチャレンジすることができる。

ともあれ、まずはあまり深く考えず、気になるサービスを実際に触ってみてほしい。入力と出力の要件が決まれば、後はツールの勉強をするだけ。ノーコードの学習ハードルはプログラミングに比べずっと低い。体感してみることで、自社ビジネスに資するさまざまな可能性を感じられるはずだ。

【失敗しないための5ステップ】

①売り上げ拡大？　費用削減？　目的を明確にする
②どんなデータが欲しい？　出力のイメージを明確化
③入力できる情報には何があるかを洗い出す

④入力→出力のために必要なデータ修正を洗い出す
⑤出力の質は目的を満たすものか?を検証する

宮崎　翼（みやざき・つばさ）
セールスから構築・運用まで全体プロジェクト管理をはじめ、エンタープライズや自治体に向けIT導入支援。共著に『ノーコードシフト　プログラミングを使わない開発へ』など。

【週刊東洋経済】

本書は、東洋経済新報社『週刊東洋経済』2023年3月4日号より抜粋、加筆修正のうえ制作しています。この記事が完全収録された底本をはじめ、雑誌バックナンバーは小社ホームページからもお求めいただけます。

小社では、『週刊東洋経済eビジネス新書』シリーズをはじめ、このほかにも多数の電子書籍ラインナップをそろえております。ぜひストアにて「東洋経済」で検索してみてください。

『週刊東洋経済eビジネス新書』シリーズ

No.427　不動産争奪戦
No.428　インフレ時代の資産運用&防衛術
No.429　人口減サバイバル
No.430　自衛隊は日本を守れるか

No.431　教員不足の深層
No.432　ニッポンのSDGs&ESG
No.433　独走トヨタ　迫る試練
No.434　変わる相続・贈与の節税
No.435　東芝の末路
No.436　食糧危機は終わらない
No.437　ゼネコン　両利きの経営
No.438　すごいベンチャー2022〔前編〕
No.439　すごいベンチャー2022〔後編〕
No.440　宗教　カネと政治
No.441　岐路に立つ鉄道
No.442　学び直し全ガイド
No.443　米中　大動乱
No.444　高揚するコンサル　したたかな弁護士

週刊東洋経済eビジネス新書　No.457
失敗しないDX

【本誌（底本）】
編集局　長瀧菜摘、宇都宮　徹
デザイン　ｄｉｇ（成宮　成、山﨑綾子、峰村沙那、坂本弓華）
進行管理　半澤絹子、平野　藍
発行日　２０２３年３月４日

【電子版】
編集制作　塚田由紀夫、長谷川　隆
デザイン　大村善久
制作協力　丸井工文社
発行日　２０２４年６月２７日　Ver.1

発行所　〒103-8345
東京都中央区日本橋本石町1-2-1
東洋経済新報社
電話　東洋経済カスタマーセンター
03(6386)1040
https://toyokeizai.net/
発行人　田北浩章

電子書籍化に際しては、仕様上の都合などにより適宜編集を加えています。登場人物に関する情報、価格、為替レートなどは、特に記載のない限り底本編集当時のものです。一部の漢字を簡易慣用字体やかなで表記している場合があります。本書は縦書きでレイアウトしています。ご覧になる機種により表示に差が生じることがあります。

本書に掲載している記事、写真、図表、データ等は、著作権法や不正競争防止法をはじめとする各種法律で保護されています。当社の許諾を得ることなく、本誌の全部または一部を、複製、翻案、公衆送信する等の利用はできません。

もしこれらに違反した場合、たとえそれが軽微な利用であったとしても、当社の利益を不当に害する行為として損害賠償その他の法的措置を講ずることがありますのでご注意ください。本誌の利用をご希望の場合は、事前に当社（TEL：03-6386-1040もしくは当社ホームページの「転載申請入力フォーム」）までお問い合わせください。